수시 70%
정시 30% 시대의

공부법을 부탁해

수시 70% 정시 30% 시대의 공부법을 부탁해
(특목고, 자사고를 뛰어넘는 최상위권 공부법)
[행복한 교과서®] 시리즈 No.23

지은이 | 심규승 · 강하은 · 정우진
발행인 | 홍종남

2016년 6월 20일 1판 1쇄 인쇄
2016년 6월 27일 1판 1쇄 발행

이 책을 만든 사람들
책임 기획 | 홍종남
북 디자인 | 김효정
교정 교열 | 주경숙
출판 마케팅 | 김경아

이 책을 함께 만든 사람들
종이 | 제이피씨 정동수
제작 및 인쇄 | 다오기획 김대식 · 정인균

{행복한콘텐츠그룹} 출판 서포터즈
김미라, 김미숙, 김수연, 김은진, 김현숙, 박기복, 박민경, 박현숙, 변원미, 송래은
오석정, 오주영, 윤진희, 이승연, 이인경, 이혜승, 임혜영, 정인숙, 조동림, 조은정

펴낸곳 | 행복한미래
출판등록 | 2011년 4월 5일. 제 399-2011-000013호
주소 | 경기도 남양주시 도농로 34, 부영e그린타운 301동 301호(도농동)
전화 | 02-337-8958   팩스 | 031-556-8951
홈페이지 | www.bookeditor.co.kr
도서 문의(출판사 e-mail) | ahasaram@hanmail.net
내용 문의(지은이 e-mail) | simgs1203@naver.com
※ 이 책을 읽다가 궁금한 점이 있을 때는 지은이 e-mail을 이용해주세요.

|심규승·강하은·정우진 지음|

행복한미래

특목고와 자사고를 뛰어넘는 공부법은 따로 있다

"적당히 해서 가까운 국립대학교에 입학할 수만 있어도 좋지."

어정쩡한 성적, 소위 말하는 명문대에 갈 수 없는 성적으로 스트레스를 받고 있을 때 들었던 말이다. 기분이 썩 좋지는 않았다. 보란 듯이 명문대에 입학해 일반고 학생들도 할 수 있다는 것을 보여주고 싶었다. 그리고 보란 듯이 명문대에 입학해 나 같은 후배들에게 도움이 되는 공부법 책을 써야겠다고 굳은 다짐을 하게 되었던 때이기도 하다. 그때나 지금이나 대학 입시에서 특목고와 자사고의 열풍은 거세다. 일반 인문계 고등학교에서 공부 꽤나 한다는 말을 듣는 학생들조차도 서울에 있는 명문대학교는 욕심이라고 생각한다. 특목고와 자사고 학생들이 뛰어난 것은 부정할 수 없다. 하지만 그렇다고 해서 일반 인문계 고등학생들이 뒤처질 게 뻔하니 일찌감치 경쟁을 포기하라는 것은 말이 되지 않는다. 꿈의 크기는 절대로 비교할 수 없기 때문이다.

단, 특목고와 자사고를 뛰어넘기 위해서 자신들이 처해 있는 상황을 객관적으로 분석하고, 불리한 상황을 극복할 수 있는 방법을 찾아야 할 필요는 있다. 특목고와 자사고에 다니는 학생들과 일반 인문계 고등학교에 다니는 학생들이 처해 있는 상황은 분명히 다르다. 이 사실을 제대로 인지하지 못하고 특목고와 자사고에 다니는 학생들의 공부 방법을 따라하는 것에 그친다면 경쟁에서 뒤처질 수밖에 없다. 특목고와 자사고에 다니는 학생들이 그들의 방식대로 공부하는 이유는 그들이 처해 있는 특수한 상황 때문이다. 특목고와 자사고를 뛰어넘는 공부법은 분명히 따로 있다.

일반 인문계 학생들이 그들보다 불리한 점은 2가지로 요약할 수 있다.

첫째는 교육과 정보의 질이다. 일반 인문계 고등학교 학생들은 특목고와 자사고의 학생들보다 양질의 교육을 받을 수 있는 기회가 적어 효율적인 공부를 하기가 어렵다. 인터넷 강의의 보급으로 대한민국의 모든 학생들이 서울의 유명한 강사의 강의를 들을 수 있게 되었고, 덕분에 교육의 질적 차이는 어느 정도 해소되었다. 하지만 그럼에도 불구하고 일반 인문계 고등학생들은 여전히 불리하다. 왜? 특목고와 자사고에서는 각 분야의 실력 있는 선생님들을 적극적으로 섭외하여 정규 수업시간을 맡기기 때문이다. 학교 정규 수업이 끝난 후 스스로 공부할 수 있는 시간을 줄여 인터넷 강의를 들어야 하는 일반 고등학교 학생들과 차이가 날 수밖에 없다. 또 특목고와 자사고는 정규 수업 이외에도 유명한 입시 전문가들의 강연을 자주 진행하여 학생들이 양질의 정보를 얻을 수 있도록 만든다. 특히 졸업생 중에 명문대에 진학한 선배들이 많기 때문에 어렵지 않게 선배들로부터 대학 입학에 대한 실질적인 조언을 구할 수도 있다.

둘째는 분위기다. 특목고와 자사고에 입학한 학생들은 입학이 확정되는 그 순간부터 자신감이 하늘을 찌른다. 전국의 내로라하는 중학생들 가운데 자신이 선발되었으며, 합격 가능한 대학교의 하한선이 매우 높아졌다는 사실을 스스로도 인식한다. 자신을 최고라고 여기는 것은 둘째 치고 주변에 있는 친구들, 부모님, 친척 등 관계를 맺고 있는 사람들도 특목고와 자사고에 입학한 학생들에게 기대하는 바가 매우 크다. 이에 반해 일반 인문계 고등학교에 입학한 학생들에 대한 기대는 상대적으로 낮다. 처음 했던 말처럼 스스로도 '적당히 해서 가까운 국립대학교에 입학할 수만 있어도 좋지.'라고 생각하고 주변 사람들도 그 정도만 하더라도 충분히 노력했다고 인정한다. 소위 말하는 명문대를 목표로 하는 학생들에게는 질투 섞인 비웃음을 보내기도 한다. 이런 분위기에서 학생들은 괜히 자신감이 줄어들고 자신의 목표를 낮게 설정하게 된다. 특히 특목고나 자사고에 입학하려다 실패한 학생의 경우 객관적으로는 비등한 실력을 가졌는데도 불구하고 스스로를 패배자로 규정하고 매우 위축되어 있다. 이 상태를 제대로 회복하지 않으면 특목고와 자사고를 절대로 뛰어넘을 수 없다.

이처럼 일반고 학생들은 특목고 학생들과 전혀 다른 상황에 놓여 있다. 나는 안 될 것이라는 분위기뿐만 아니라 대학 입시를 위해 필수적으로 준비해야 하는 주요 과목의 절대적 실력에서도 뒤처져 있다. 출발선도 다르고, 달려야 하는 경기장도 다르다. 그래서 한 쪽의 패배가 너무도 분명해 보인다.

"이 책은 일반 인문계 고등학교 학생들이 극적인 역전을 만들 수 있도록 도와주는 책이다. 스스로 일반 인문계 고등학교에서 고독하고 힘겨운 싸움을 통해 특목고와 자사고 학생들과 어깨를 나란히 한 결과를 만들어낸 저자들의 실질적인 공부법이 담겨 있다."

특목고와 자사고를 뛰어넘는 공부법은 3가지 핵심 요소를 포함한다. 공부하는 동기, 공부하는 태도, 정확한 공부 방법이다. 이 3가지 중 하나라도 부족한 학생은 중도에 주저앉을 수밖에 없다. 공부 동기, 공부 태도, 정확한 공부 방법 순으로 스스로를 철저히 점검해야 한다. 공부를 하는 동기가 최상위권으로 도약하기 위한 기반이라면, 공부를 하는 태도는 기둥과 지붕이다. 공부 방법은 튼튼한 건물을 보기 좋게 꾸미는 인테리어쯤에 비유할 수 있겠다. 적지 않은 학생들이 공부 방법에만 집중한다. 왜 공부하는지, 공부하는 과정에서 자신을 어떻게 보살피고 있는지에 대한 깊은 고민 없이 남들이 좋다고 하는 공부 방법을 흉내 내기에 바쁘다. 남의 공부 방법을 흉내 내는 것으로는 원하는 성적을 절대로 얻을 수 없으니 반드시 슬럼프에 빠지게 된다. 그리고 공부 방법에만 집중하는 것이 문제의 원인인 것을 깨닫지 못하고 또 다시 새로운 공부 방법을 찾아 나선다. 결과는 똑같다. 악순환이 반복되는 것이다.

특목고와 자사고를 뛰어넘기 위해서는 이 악순환의 고리를 끊고 자신만의 공부에 온전히 집중할 수 있어야 한다. 힘겨운 공부를 끝까지 해야 하는 이유는 무엇인지, 나를 둘러싼 주변 상황을 어떻게 살펴야 하는지를 되짚어야 한다. 이미 특목고와 자사고에 다니는 학생들과의 격차는 벌어질 대로 벌어져 있다. 대입까지 남은 시간 동안 이 격차를 줄이고 싶다면 공부에 접근하는 방법을 근본부터 바꿔야 한다. 익숙하던 방법에서 벗어나 다시 처음부터 시작하라니 막막할 수 있다. 하지만 처음으로 돌아가 제대로 다시 시작한다면 성적이 상승하는 선순환을 타고 보다 빠르고 효율적으로 원하는 성적을 얻을 수 있다.

공부를 잠시 멈추고 이 책을 보고 있는 학생이라면 이미 제자리에 머무는 성적 때문에 적지 않은 시간을 고민으로 채워왔을 것이다. 힘겹고 고독한 그 시간이 주는 무력감이 얼마나 무거운지를 안다. 그 착잡함을 알기에 원하는 꿈을 이루기 위해 고군분투하며 얻은 공부의 본질을 이 책의 지면을 통해 빠짐없이 담고자 했다. 이제 꿈의 크기를 줄이는 것이 아니라 큰 꿈을 향해 거침없이 달려갈 수 있도록 공부에 본질적으로 접근해보자.

목차

Part 3

나를 강하게 만드는 6가지 전략:
친구, 질문, 선생님, 비난, 재수생, 가정환경

공부법을 부탁해

Part1

공부 동기:
나를 공부하게 하는
동력을 찾아라

공부, 세상에서 가장 소중한 나를 표현하는 방법

한 살도 채 안 된 어린 아기가 뒤집기를 시작하면 어른들은 "오구, 잘했다!"라며 칭찬해준다. 아기는 말을 이해하지는 못하지만 어른들의 말이 인정이고, 칭찬이라는 것을 본능적으로 안다. 그래서 더 인정받고 더 칭찬받기 위해 계속 노력한다. 이처럼 사람은 누구나 사랑받고 싶고 인정받고 싶어 하는 경향이 있다. 나도 남에게 인정받는 것을 너무나도 좋아하는 부류의 사람이고 주위 시선을 많이 신경 쓰는 편이다.

누구에게나 주어진 기회, 공부

하지만 인정받을 수 있는 수단이 딱히 없었다. 노래, 축구, 그림 등 예체능 소질은 극히 소수의 사람에게만 주어지는 것이고, 아쉽게도 내게는 아니었다. 타고나진 못했어도 노력으로 어느 정도 극복할 수 있다고도 하지만 한계는 분명하다. 하지만 다행히도 우리 모두에게 주어져 있고 극복의 한계가 없는 것이 있다. 짐작하겠지만 책상에 앉아 집중할 수만 있다면 누구나 잘할 수 있는 '공부'다. 고백하자면 나는 남들보다 잘하는 것이 딱히 없었을 뿐만 아니라 오히려 뒤떨어지는 것이 많았다. 노래는 거의 음치 수준이고 몸도 뻣뻣하다. 운동신경도 없어 축구 시합을 할 때 주전으로 뛰어본 경험이 거의 없다. 그래서 중학교 때부터 '나는 다른 분야가 남들보다 조금 뒤떨어지니까 공부를 해서 성공하자!'라는 생각이 한쪽에 자리 잡고 있었다. 그런 생각이 내가 공부를 시작하고 열심히 하는 동기가 되었다. 처음엔 아무런 재능이 없는 내가 싫었다. 하지만 공부는 아무것도 잘하지 못하는 나에게도 뭔가 잘할 수 있는 기회를 주었고, '나도 할 수 있어!'라는 생각이 들게 했고, 자신감을 갖게 해주었다.

'노력하는 멋진 녀석'으로 불리다

중학교 때까지의 나는 지극히 개성 없는 평범한 아이였다. 규모가 작은 초등학교를 나온 데다가 노는 걸 엄청 좋아하는 성격도 아니어서 그런지 딱 평범, 그 자체인 학생이었다. 하지만 조금씩 노력하여 반복되는 시험에서 좋은 성적을 받다 보니 기억해주시는 선생님들과 알아봐주는 친구들도 많아졌다. 친구들이 성적이나 시험에 관해 이야기할 때 내 이름이 종종 거론되었다. 점차 모르는 문제가 있으면 질문하러 오는 친구들이 생기고, 공부를 도와주면서 친구 사이가 되고 더 친해진 적도 많다. 성적을 올리는 과정에서 노력하는 습관도 생겼는데, 실력이 출중하지는 못했지만 예체능 과목에서도 항상 잘하고자 노력했다. 그런 나의 모습이 주변 사람들에게는 '노력하는 멋진 녀석'으로 보였는지 점점 나를 믿고 따라주는 사람들이 많아졌다. 그렇게 시간이 흐르면서 어느샌가 중학교 때와는 비교할 수도 없을 만큼 많은 주변 사람들이 생겼다.

친구들과 행복한 고등학교 생활을 하던 고3 어느 날 독서실에서 공부하다가 잠시 바람을 쐬러 나왔을 때 문득 이런 생각이 들었다. '만약 내가 공부를 이만큼 하지 못했더라면 내 주위에 이렇게 많은 사람들이 있었을까?' 공부를 잘하는 것이 나의 전부는 아니었지만 분명한 것은 공부를 열심히 하는 것이 친구들 사이에서 내 장점으로 받아들여졌고, 그것이 내 매력 포인트가 된 것이다. 이렇게 생각한 후에는 주변 사람들의 기대에 부응하고자 그리고 더 인정받기 위해 더 열심히 공부에 몰두했다.

단순하지만 강력한 공부 동기, 다른 사람들의 인정

이처럼 인정받고 싶어 하는 성향을 이용해 공부에 대한 의지를 자극하는 것도 훌륭한 공부 동기가 된다. 내 경우 열심히 노력해서 공부하면 주변에서 노력하는 녀석이라는 칭찬을 받게 되었고, 성적이 오르면 "노력하니깐 되지. 똑똑한 녀석!"이라는 칭찬까지 받게 되었다. 즉 공부는 내가 인정받고 사랑받을 수 있도록 해주는 방법이었다. 공부를 잘한다는 것은 공부가 중요한 학창시절에는 충분히 호감을 살 수 있는 무기가 된다. 그렇게 공부가 나만의 매력이 되는 것이다. 공부를 열심히 하기 위해 노력할수록 남들에게 인정받을 수 있고, 노력하는 모습을 보여주면 남들의 모범이 될 수 있다. 시험 종료 종이 울리고 친구들이 내게 다가오는 모습을 상상하며 공부 의지를 다져보는 건 어떨까.

파랑새 공부법,
작은 행복을 느낄 수 있는 공부여야 오래 간다

20여 번의 멘토링을 통해 만나거나 개인적으로 만난 학생들에게 조언해주면서 꼭 물어보는 것이 있다. 어떤 인생을 살았으면 좋겠느냐는 질문이다. 이 질문에 10명 중 9명은 '행복한 삶'이라고 말한다. 지금 이 책을 읽고 있는 여러분뿐만 아니라 대학생, 직장인 등 대부분의 사람들은 '행복한 삶'이 인생의 목표일 것이다. 행복의 의미는 각 개인마다 다르겠지만, 행복한 일을 할 때의 표정이나 행동을 통해서 '행복이란 무엇인가'에 대해 어렴풋이 말할 수 있다. 보는 사람도 행복의 기운을 느낄 수 있기 때문이다. 행복한 사람들은 주변을 방방 뛰어다니기도 하고, 작은 미소를 짓기도 한다. 그 모습을 보며 우리는 '저게 행복이구나.'라고 생각한다.

이제 미소 짓게 하거나 주변을 방방 뛰게 만들 정도로 여러분을 행복하게 해줄 수 있는 일에 대해 생각해볼 차례다. 친구들과 운동하는 것, 예쁜 옷을 입는 것, 좋아하는 사람과 즐거운 시간을 보내는 것 등 다양할 것이다. 그러나 대한민국 수험생들 중 행복한 일을 쓰라고 할 때 '공부'라고 하는 사람은 1명도 없을 것이다. 당연한 거라고 생각하겠지만 지금부터 그 당연한 사실을 뒤엎어보고자 한다.

먼저 공부와 행복이 어울려야만 하는 이유를 생각해보자. 곧 전할 이야기는 대학에 온 뒤에 전공 교수님과 사석에서 만나며 들은 것인데, 이 이야기를 들은 이후로 만나는 고등학생들에게 전하지 않은 적이 없다.

"학생이라면 누구나 공부하면서 행복해야 한다. 대한민국 중·고등학생은 하루 24시간 중 10시간 이상을 학교에서 생활한다. 누구도 그 시간을 벗어날 수 없다. 자는 시간을 제외한다면 깨어 있는 시간의 70%를 학교에서 수업을 듣고, 수업에서 들은 내용을 바탕으로 시험을 치른다. 따라서 공부하면서 행복하지 않다면 중·고등학생으로 지내는 시간의 70%가 불행한 시간이 되는 것이다. 공부하는 것이 행복하다면 이 70%의 시간을 행복하게 보낼 수 있다. 그래서 반드시 공부를 하면서 행복해야 한다."

여러분의 중·고등학교 시절인 지금 70%의 시간이 행복한지 돌아보자. 혹시나 조금이라도 불행하다고 느낀다면 이제 이어질 이야기들을 통해 그 시간을 행복한 시간으로 바꾸어 가야 한다.

'1등' 또는 '100점'이기 때문에 행복한 것이 아니다

명문대학교의 학생들에게 고등학생들이 가장 많이 묻는 질문은 "어떻게 그렇게 공부를 잘 했어요?"이다. 절박한 심정이 담긴 물음에 그들은 찬물을 끼얹었듯이 "하다 보니까요."라고 답한다. 나 또한 같은 질문에 바로 대답해야 한다면 그렇게 말할 것 같다. '하다 보니까'라는 말이 지금 당장 성적을 올리고 싶어서 고민인 친구들에게는 탐탁지 않은 대답일 수 있다. 원래 공부를 잘하던 학생들만 할 수 있는, 현실과 동떨어진 대답으로 들릴 수 있기 때문이다. 하지만 '하다 보니까'에 담긴 의미를 보다 잘 이해하게 된다면 공부를 통해서 행복해질 수 있는 방법을 깨달을 수 있다.

가정환경, 교육받은 정도 등이 유사한 A 학생과 B 학생이 있다고 생각해보자. 현재 A 학생은 시험에서 높은 점수를 받고 있고, B 학생은 낮은 점수를 받고 있다. 현재 두 학생의 점수 차이는 크다. B 학생이 A 학생에게 자신보다 성적이 높아진 비결을 묻는다면 A 학생은 '하다 보니까'라고 대답할 것이다.

'하다 보니까'라는 무신경해 보이는 대답 속에는 2가지 요소가 포함되어 있다. 하나는 만족할 만한 결과를 얻기 위해 쏟는 열정이고, 다른 하나는 결과를 받아들이는 태도이다. 지금의 차이에서 우위에 있는 학생들은 현재보다 더 발전해야겠다는 생각을 가지고 그 목표를 이루기 위해 열정을 쏟는다. 자신의 목표대로 이전보다 더 좋은 결과를 받는 것을 행복하다고 생각하며 공부를 반복한다. 원하는 결과가 나오지 않았다고 해서 스트레스를 받고, 우울해지기보다는 다음 결과를 더 좋게 만들기 위해 열정을 쏟는다. 그렇게 해서 실제로 좋은 결과를 만들어냈다면 '해냈다'는 성취감과 함께 행복을 느낀다. 이 과정에서는 비법이라고 불릴 만한 특별한 것이 없다. 특별한 비법 없이 공부했기 때문에 점수가 높은 학생들로부터 '하다 보니까'라는 대답이 나오는 것이다.

'하다 보면' 항상 더 나은 결과를 만드는 것은 아니지만 반드시 언젠가

한 번은 더 나은 결과를 만들어내게 된다. 그 한 번의 성공에서 느끼게 되는 희열과 행복이 다음의 결과를 위해 열정을 쏟게 되는 에너지가 된다. 이것이 공부를 통해 느낄 수 있는 행복이다. 시험 등급이나 석차를 기준으로 남들과 자신을 비교하는 것이 아니라 자신이 성취했던 결과보다 더 나은 결과를 위해 쏟을 수 있는 모든 열정을 쏟는 것 말이다. 1점이 올라도, 석차 1등이 올라도 상관없다. 어떤 결과든지 이전보다 더 나은 결과라면 만족할 수 있고, 행복할 수 있기 때문이다.

파랑새 이야기에서 남매인 틸틸과 미틸은 행복을 의미하는 '파랑새'를 찾기 위해 집 밖으로 나선다. 파랑새를 찾기 위해 숲과 묘지, 미래의 왕국 등 많은 곳을 찾아다니지만 파랑새는 찾을 수 없었다. 지친 몸을 이끌고 집에 돌아온 남매는 잠이 들었다. 다음날 아침에 일어나서 마침내 그들은 파랑새를 찾게 된다. 그들 집 안에 있는 새장 속의 새가 파랑새였다. 그들이 그토록 찾아다니던 행복은 멀리 있는 것이 아니라 가까이에 있었다.

공부를 하며 느낄 수 있는 행복도 멀리 있지 않다. 전교 1등, 전국 1등이기 때문에 행복한 것이 아니다. 공부가 행복할 수 있는 이유는 이전보다 나은 결과를 위해 열정을 쏟아내는 과정 속에 있다. 실제로 더 나은 결과를 만들어냄으로써 느낄 수 있는, 작은 성취감 때문에 행복한 것이다. 그리고 성취감을 느낌으로써 생기는, 할 수 있다는 자신감 때문에 행복한 것이다. 지금보다 나아진 나를 만들기 위해 하루하루 열정을 쏟아붓는 자신을 되돌아보자. 밤에 침대에 누워 조금이라도 발전하기 위해 열정을 쏟았던 내 모습을 되돌아보는 것 자체로도 행복하게 된다.

공부를 하고서야 비로소 깨닫는 교훈들

세상에서 가장 이기기 힘든 사람이 자기 자신이라고들 한다. 작심삼일이라는 말이 오랜 시간 동안 사람들의 입에 오르내린 이유이기도 하다. 힘들다고 피할 수만도 없다. 무슨 일을 하든지 나를 이기는 게 가장 중요하다. 원하는 체형을 만들기 위해 운동을 하고 식이 조절을 해야 하는 것처럼, 원하는 일을 하기 위해 자격증을 따고 다양한 공부를 해야 하는 것처럼 나를 이기지 않고 할 수 있는 일은 없다.

대학에 입학하면 다 끝날 것 같지만 그때부터 시작되는 나와의 싸움 역시 격투기 챔피언 결정전에 비유될 만큼 힘들다. 모든 것을 스스로 준비해야 하고, 수많은 난관도 존재한다. 대학에 입학하고부터 고등학생 때와 달라진 환경에 힘겨워하는 학생들도 많다. 특히 인간관계 때문에 많이들 상처받는다. 고등학생 때는 같은 반 학생들이 친구가 되는 경우가 많지만, 대학에서는 동기라고 해도 자신이 노력하지 않으면 '동기'일 뿐 '친구'는 아니다. 고등학교 과제와는 달리 많은 서적들을 참고하여 스스로

A4 5장 또는 10장의 리포트를 써야 하며, 졸업 이후에는 자신이 원하는 일을 하기 위해 선배들에게 물으며 혼자 모든 것을 준비해야 한다. 대학 입시를 위해서 담임 선생님과 부모님의 도움을 받던 모습과는 다르다.

이렇게 힘든 '격투기 챔피언 결정전'에 아무런 준비 없이 나서는 것은 무모하다. 힘도 다 써보지 못하고 패배할 모습이 눈에 선하다. 자신과의 싸움에서 이기기 위해서도 반드시 연습이 필요하다. 격투기 선수들이 시합에 나가기 전에 스파링을 통해 자신을 체크하고 단련하는 모습처럼 말이다. 수험생들에게는 대입을 위해 공부하는 과정이 스파링이다. 원하는 대학과 학과에 진학하기 위해 내신시험이나 수능에서 자신과 싸우는 방법을 익힐 수 있다.

나의 나약함을 제대로 마주하고 반복하지 말자

공부를 하는 과정은 우리를 편안하게 해주는 것들과 거리가 멀다. 잠 줄이기, 알람 없이는 일어날 수 없는 시간에 매일 일어나기, 하루 10시간 이상 집중하기, 바른 자세로 오랜 시간 앉아 있기, 외운 것을 잊어버리지 않도록 계속 반복하기 등 괴로운 일들을 버텨내야만 한다. 괴로운 일들이 반복되다 보면 한없이 나약한 자신의 모습을 발견할 수 있다.

나도 마찬가지였다. 보다 효율적으로 공부하기 위해 스스로 많은 다짐들을 했었다. '낮잠은 15분 이상 자지 않기', '쉬는 시간에 단어 3개 외우기', '식곤증을 방지하기 위해 점심 식사는 과하게 먹지 않기' 등이었다. 잠은 6시간 이상 충분히 잤으므로 15분 넘게 낮잠을 자는 것은 몸의 편안함에 손을 들어주는 것이었다. 10분 동안 단어를 3개 외운다는 것은 3

분 동안 단 하나의 단어만 외우면 되는 것이었다. 점심을 적당히 먹는 것은 먹는 것의 목적인 배고픔을 해소하는 것이었기 때문에 많이 힘든 일은 아니었다. 하지만 몰려오는 잠 앞에서는 약속을 지키기 위한 의지가 사라지는 것이 다반사였고, 간만에 나온 맛있는 급식 앞에서 평소보다 과하게 먹기를 반복했다. 쉬는 시간에는 친구들과 하소연을 하며 보냈다.

그러다 문득 '이렇게 작은 것들조차 쉽사리 포기하게 된다면, 나의 큰 꿈은 시도조차 하지 못하고 포기하게 될 것이다.'라는 생각이 들었다. 그 후 같은 실수를 반복하지 않으려고 노력하는 스스로를 보게 되었다. 나약한 자신을 발견하고 통제해야 한다는 깨달음을 얻자 나는 큰 자산을 얻은 것만 같았다. 나약해지려고 할 때마다 다시 스스로 북돋을 수 있는 힘을 갖게 된 것이다.

자신을 지나치게 옥죄는 것도 필패의 길

스스로를 지나치게 옥죄다 보면 때로는 마음의 병이 생길 수도 있다. 나 역시 성적을 올리고 싶은 압박 때문에 공황장애와 흡사한 증상을 겪었다. 제대로 움직이지 않는 눈동자 때문에 글을 읽을 수가 없었다. 공부해야만 하는 상황에서는 최악이었다. 공부하지 않을 수 없는 고3 시절이었기 때문에 스스로에게 더 채찍질을 해야만 했었는데, 증상은 나아지지 않고 오히려 더 심해질 뿐이었다. 몹시 애가 탔고 무슨 짓을 해도 나아지지 않는 지경에 이르러서야, 스스로를 돌아보니 성적에 필요 이상으로 집착하고 있는 자신을 발견하게 되었다. 결국 스스로에게 부과했던 부담과 억압을 풀어주고 나서야 점차 나아지기 시작했다.

　그 증상이 모두 사라진 지금의 나에게는 이미 지난 문제고, 일상은 여전히 아무 일이 없다는 듯이 흘러가고 있다. 가장 힘겨웠던 순간이 지나니 '이 또한 지나가리라'라는 말이 실감난다. 한계에 도전하지 않고 현실에 안주하며 적당히 공부했다면 이 말의 참뜻을 알지 못했을 것이다. 그때 이후로 나 스스로와 싸워야 하는, 스스로를 괴롭혀야 하는 상황과 마주할 때마다 '이 또한 지나가리라'라는 말로 마음의 여유를 갖고자 한다.

　나약해지는 자신을 다잡고 지나치게 억압하는 자신에게 적절히 여유를 주는 방법을 터득한다면 자신과의 싸움에서 이기지 못할 사람은 없다. 자신이 되고자 하는 모습이 무엇이든 이룰 수 있다. 공부가 괴롭고 피하고만 싶어질 때면, 자신과의 싸움에서 이길 수 있는 방법을 배워가는 과정이라고 생각해보자. 그리고 배우자. 여러분은 반드시 최고의 자리에 오를 수 있을 것이다.

공부를 즐기는 3가지 방법: 괴로운 공부에는 끝이 있다

괴로운 공부에는 한계가 있다. '오늘만 참자, 내일만 참자.' 하며 버티는 공부는 오래갈 수 없다. 무슨 일이든 즐거워야 오래할 수 있기 때문이다. 공부를 즐겁게 하려면 후에 내가 얻을 수 있는 것, 예를 들면 대학, 직업, 물질적 보상 등만을 바라보며 공부를 하나의 수단으로 대하지 말고, 과정 자체를 하나의 재미있는 활동처럼 만들기 위해 노력해야 한다. 공부가 늘 유쾌한 취미가 되기는 어렵겠지만, 꽤나 중독성이 있어 꾸준히 할 수 있는 일임을 깨달을 수 있을 것이다. 한 번 재미를 느끼고 나면 이것이 성적 상승으로 가는 가장 빠르고 효과적인 길이라는 것을 경험하게 된다. 공부를 즐기는 방법의 팁을 주자면, 크게 3가지로 이야기할 수 있다.

변화를 기록하라

공부가 가지고 있는 매력 중 단연 으뜸은 나를 변화시킨다는 점이다.

사람들은 공부를 하면서, 아직 목표점까지 도달하지 못했다는 점에만 집착하며 자신에게 일어나고 있는 작은 변화들을 그냥 지나치곤 한다. 그런데 이런 작은 변화들을 가만히 들여다보면 자신이 긍정적으로 변화하는 모습을 발견할 수 있다. 자신의 긍정적인 변화를 보는 것은 누구에게나 행복한 일이기 때문에, 공부로 인한 변화를 눈으로 확인하는 것은 공부를 즐길 수 있는 아주 좋은 방법이다.

변화를 기록할 때 가장 중요한 것은 긍정적인 변화가 나왔을 때의 행복과 성취감에 집중하는 것이다. 좋은 결과가 나왔을 때 잠시 자아도취에 빠져 무엇이 좋은 결과를 만들었는가를 돌아보고, 내가 생각하는 변화의 원인들을 쭉 써보자. 사소한 것도 좋다. 학교 석식이 맛있어서 야자 시간에 기분이 좋아서 공부가 잘 되었다든가, 이번 단원의 내용이 어릴 때 책에서 읽어본 내용이라 덜 어렵게 느껴졌다든가, 전 단원에서의 잦은 계산 실수 후 특별히 실수에 주의하며 풀었다든가, 무엇이든 좋다! 그렇게 짧은 시간 동안 머릿속에 직관적으로 떠오르는 이유들의 리스트를 만든 후 다음 단원을 공부할 때 적용할 수 있는 항목들을 골라보자. 그리고 그 항목들을 다음 단원을 공부할 때 실천한다. 그리고 계속해서 변화를 기록한다. 점점 변화하는 나를 보면 공부는 생각보다 더 재미있게 다가올 것이다.

또 하나 우리가 꼭 알아야 할 것은, 공부한다고 해서 항상 상승 곡선을 그릴 수는 없다는 것이다. 긍정적인 변화에서 오는 행복에 집중하라는 말은 부정적인 변화를 무시하라는 말이 아니다. 만약 나아가지 못하고 퇴보했다면, 좌절하기보다는 개선할 수 있는 좋은 기회라고 생각하고 냉정하게 분석해야 한다. 방법은 긍정적인 변화와 동일하다. 더 낮은 점수를 받은 원인을 생각해보고 떠오르는 대로 기록한다. 공부 방법이 문제일 수도, 투자한 공부 시간이 부족했을 수도, 그 단원의 내용 자체가 생소하고 어려워 충분히 받아들이지 못했을 수도 있다. 이때 중요한 것은 그 원인들을 개선시킬 방법을 생각하는 것이다. 공부 방법이 문제였다면 이 단원에는 어떤 공부 방법이 좋을지를 연구해야 할 것이고, 공부 시간이 부족했다면 복습을 통해 시간을 늘려보고, 내용이 어려웠다면 다시 한 번 어려웠던 부분을 정리하고 보충하여 부족한 부분을 채워야 한다. 그리고 다음 단원에도 적용해보고, 다시 변화를 기록한다. 문제점을 개선해가며 점점 더 긍정적인 변화를 이끌어내는 자신의 모습은 그 어떤 것보다도 좋은 자극제가 되어줄 것이다.

수업을 열심히 들어보자

두 번째 방법은 '학교 수업은 재미없다'라는 편견을 버리는 것이다. 졸음이 몰려오던 수업도 내 노력에 따라 재미있는 수업이 될 수도 있다. 나는 지루하게 느껴지던 수업을 위해 '듣는 내용이 지루하다면 내가 쓰는 내용을 재미있게 바꾸자!'라고 마음먹었다. 그때부터 수업시간에 선생님의 말씀을 듣고, 내가 들은 내용을 교과서에 재미있게 바꿔 적었다. 선생님의 말투를 따라하며 우스꽝스럽게 적어도 좋고, 요즘 유행하는 말을 섞어 적어도 좋다. 또 다양한 색깔의 펜에 각 역할을 정하여 손이 바쁘게 만들었다. 중요한 개념 키워드는 빨간색, 이해를 도와줄 수 있는 부연 설명은 파란색으로 적었다. 느낌표나 물음표, 이모티콘도 가끔 등장했다. 이렇게 하자 수업시간은 수동적으로 내가 듣기만 하는 시간이 아니라, 내가 만들어가는 시간이 되었다. 수업이 끝나고 난 뒤의 내 교과서는 더 이상 딱딱하고 재미없는 책이 아니라, 수업을 하던 선생님의 목소리와 내 생각과 감정이 함께 깃든 살아 있는 책이 되었다. 이렇게 하면 수업 내용에 크게 관계없이 수업을 듣는 일이 그리 힘들지 않게 된다.

수업을 열심히 들을 수 있도록 하는 방법은 또 있다. 더 확실한 방법은 예습을 하는 것이다. 참고서의 도움을 받아 참고서의 굵은 글씨 혹은 붉은 글씨로 강조된 부분만을 눈으로 익혀 놓는 가벼운 정도도 괜찮다. 딱 10분만 투자하여 예습을 해도 수업을 듣는 일이 그 전보다 훨씬 재미있어질 것이다. 지루한 뉴스를 보며 졸다가, 내가 잘 알지는 못하더라도 들어본 인물이나 사건이 나오면 정신이 맑아지는 것과 비슷한 효과다. 외계어처럼 들리던 선생님의 말들이 낯설지 않게 다가올 것이고, 전보다 덜 지루하게 느껴질 것이다.

심지어는 가끔씩 던지는 물음에 왠지 대답을 하고 싶어질 수도 있다. 이때 대답을 하는 것이 또 하나의 중요한 포인트다. 틀릴 것이 두렵다면 머릿속으로라도 꼭 대답을 해봐야 한다. 정답을 맞히는 경험, 성공하는 경험은 누구도 지루해하지 않는다. 틀려도 괜찮다. 오답의 경험은 그 정답을 더욱 마음 깊이 새겨줄 것이기 때문이다. 예습하고, 아는 척하고, 잘난 척하자.

괴로운 과목은 좋아하는 것과 결합시켜라

사람마다 특별히 괴로운 과목이 있다. 나는 수학 공부를 할 때, 어려운 문제가 나와 잘 풀리지 않으면 참을 수 없이 졸음이 몰려왔다. 문제가 잘 풀리지 않아 받는 스트레스에 뇌는 졸음으로 반응했다. 그래서 내가 떠올린 방법은 음악을 듣는 것이었다. 많은 사람들이 음악을 들으며 공부하는 것이 집중을 방해하고 효율을 떨어트린다고 말한다. 하지만 내 생각은 달랐다. 음악을 듣는 것을 아주 좋아하지만, 고등학교에 진학하며 마음 편히 음악을 감상할 시간적 여유가 없었다. 따라서 수학을 공부하는 시간에 음악을 들을 수 있게 함으로써, '수학 공부하는 시간=음악을 들을 수 있는 시간'이라는 인식을 갖도록 만들었다. 이 방법은 생각보다도 훨씬 효과적이었다. 이로써 수학에 투자하는 시간이 늘어나게 되고, 자연스럽게 성적 상승으로 이어졌다. 그리고 이 성적 상승으로 수학 공부를 더 즐길 수 있게 되었다.

이것은 나만의 특별한 사례가 아니다. 친한 친구 중 한 명은, 국어 공부하는 것을 세상에서 가장 지루한 일이라고 얘기하곤 했다. 커피를 좋아하던 친구는, 나의 음악과 수학의 성공적인 결합을 듣고 국어와 커피를 연결시키기 위해 노력했다. 국어 공부를 시작하기 전에 항상 정수기에 가서 따뜻한 커피를 타왔다. '국어 공부=커피를 마실 수 있는 시간'이 머릿속에 자리 잡도록 만든 것이다. 자신이 힘들어하는 과목은 앞으로의 고통이 예상되어 시작하기가 쉽지 않은데, 이렇게 함으로써 조금이나마 행복한 마음으로 국어 공부를 시작할 수 있게 되었다.

이처럼 내가 좋아하는 일을 공부에 어떻게 접목시킬 수 있을까 고민해보는 것은 가치 있는 일이다. 처음엔 그 좋아하는 것을 위해 공부하지만, 그것이 성적 상승이나 긍정적 변화로 이어지는 것을 보면 서서히 공부 자체에 대한 인식이 달라진다. 그리고 나면 좋아하는 일을 함께 하지 않더라도 그 공부 자체를 즐길 수 있게 된다.

공부 없이 이루어지는 '꿈'은 없다

"이런 걸 배워서 어디다 쓰나요?"

누구나 한번쯤은 난해한 내용을 이해하려고 끙끙대다 지쳐 던져보았던 질문일 것이다. 나 또한 고등학생 시절 고어로 쓰인 시 속에서 허우적대며 '내 진로와 전혀 상관없는 이것을 왜 이렇게 고통스럽게 공부해야 하는가?' 하는 회의감에 빠져 포기하고 싶었던 적이 있다. 사실 허무맹랑한 불평은 아니다. 미래에 가질 직업에 따라 어떤 사람은 고등학교를 졸업하고 나면 머리 아픈 수학 공식들은 들여다볼 일조차 없을 것이고, 어떤 사람은 어렵고 복잡한 수능 영단어를 쓸 일이 없을 것이다. 공부의 목적을 공부하는 '내용' 그 자체에 초점을 맞추면, 중·고등학교에서 하는 공부는 비효율적이고 쓸모없는 일로 생각되기 쉽다.

공부, 결과보다 과정에 주목하자

하지만 공부하는 '과정'에 초점을 맞춰보면 어떨까? 교과서에 적혀 있는 글자들, 즉 내용이 아니라 그 글자들을 받아들이기 위해 읽어보고, 고민해보고, 깨닫는 과정에 주목해보는 것이다. 처음 교과서를 읽고 그 내용을 바로 머릿속에 입력하는 것은 매우 드문 일이다. 우리는 생소한 내용을 완전히 이해하고 내 것으로 소화하기 위해 선생님의 설명을 듣고, 스스로 반복하여 개념을 읽어보고, 문제를 풀며 체화시킨다. 이렇게 처음 접한 내용을 이해하기 위해 노력하는 과정은 어떤 일을 하게 될지에 상관없이 쓸모 있다. 공부 없이 이루어지는 꿈은 없기 때문이다.

현대 사회에서 공부는 평생을 거쳐 꼭 지나야만 하는 필수 관문이다. 내가 말하는 '꿈'은, 많은 양의 공부를 요구한다고 여겨지는 의사, 변호사, 교수 같은 직업만을 이야기하는 것이 아니다. 어떤 흥미와 적성을 가지고 어떤 직업을 꿈꾸든, 우리는 너무나도 당연하게 공부를 해야만 한다. 전문성을 지닌 아주 소수의 사람들이 정보를 선택적으로 주며 자신들의 기득권을 유지하던 옛날과는 달리, 현대 사회에서는 다수의 사람들이 다양한 분야에 전문성을 가지고 서로 정보를 활발히 공유한다. 정보 사회의 도래로 다양한 분야에 대한 정보를 얻기 쉬워졌지만, 아이러니하게도 스스로 전문성을 지니지 못하면 살아남기 힘든 것이 현대 사회의 순리이다. 원하는 분야의 '전문성'을 갖추기 위해 공부는 피할 수 없는 관문이기에, 공부는 우리가 평생 안고 가야만 하는 숙명인 것이다.

사실 중·고등학생 때 배우는 것은 애초부터 직업을 위한 실용만이 목적이 아니다. 성인으로서 사회를 살아가기 위한 기본적 소양을 갖춤과 동시에 향후 자신의 분야를 공부하기 위한 '기본기'를 다지는 것이 학교 교육의 목적이다. 쉽게 비유하자면 이렇다. 권투 선수들도 시작부터 바로 권투 기술을 배우지 않는다. 실제 경기에 필요한 권투 기술을 배우기 전에 몇 달 내내 지겹도록 링 밖에서 줄넘기를 하고, 팔굽혀펴기를 한다. 기본 체력 및 지구력을 다지기 위해서다. 기본기가 제대로 갖추어지지 않은 상태에서 바로 기술로 뛰어들면, 기술을 제대로 익힐 수도 없을 뿐더러 이로 인한 좌절감에 포기해버리는 일도 비일비재하다. 실용적인 기술을 본격적으로 배우기 전에 링 밖에서 기본기를 다지는 것, 그것이 바로 우리가 학교에서 해야 하는 일이다. 내 전문 분야를 공부할 수 있는 기본기를 다지고, 어떤 분야든 도전할 수 있는 자신감을 가지는 것 말이다.

학교에서 공부를 열심히 하고 성공했던 경험이 있는 학생들은, 어떤 내용을 학습하고 받아들이는 것에 대한 자신감이 생긴다. '노력하면 된다'는 것을 직접 경험하면 내가 원하는 분야에 뛰어들어 성공적으로 해낼 수 있는 기본기가 될 뿐만 아니라, 후에 다른 분야에 대한 가능성 또한 열어준다. 기본 체력이나 지구력이 탄탄하게 받쳐준다면 꼭 권투가 아니어도 다른 운동도 잘 해낼 수 있는 것처럼 말이다.

학교 공부가 버거워서 포기해버리고 싶을 때 이렇게 생각해보자. 지금 이 어려움을 극복하고 성공적으로 해낸다면, 후에 내가 원하는 분야를 공부하는 일이 훨씬 쉬워질 것이라고 말이다. 후에 어떤 일을 하다 난관에 부딪혔을 때, 지금을 생각하며 자신감을 갖고 그 난관을 넘어설 수 있을 것이라고 말이다.

서울대생은 부모님을 어떻게 기억하고 있을까

부모는 자녀와 가장 많은 시간을 가장 가까운 위치에서 지낸다. 따라서 자녀가 부모의 양육태도를 어떻게 인식하고 있는지가 자녀의 학습 동기와 학업 성취도에 영향을 미친다. 아무리 부모가 지향했던 양육태도로 양육한다고 해도 아이가 다르게 느꼈다면 부모는 지향했던 양육태도를 일관되게 유지하지 못한 것이다. 흔히 자녀를 양육할 때는 칭찬과 대화를 많이 하고, 시험 성적에 대해 지나치게 강조해서는 안 된다고 말한다. 하지만 자녀가 SKY에 진학하기를 원하는 부모들은 자녀의 성적에 관심이 많을 것이기 때문에 이상적인 부모의 양육태도와는 다른 모습을 보였을지도 모른다. 이 의문을 해결하기 위해 서울대학교에 재학 중인 100명의 학생들에게 부모님에 대한 질문으로 설문을 하였다. 이들은 전공도, 사는 곳도, 학번도 다양하다. 아래의 설문 결과를 통해 부모와 학생이 서로를 더 잘 이해하고 발전할 수 있기를 바란다.

Q1 부모님은 그리기나 만들기에서 노력한 결과물에 대해 어떻게 반응하셨나요?

A1 ① 결과물을 대학생이 된 지금까지도 보관하시거나 집안에 걸어두신다.

② 결과물에 대해서 칭찬하시기보다는 노력의 과정을 묻고 칭찬해주셨다.

'기억이 안 난다', '아무런 반응이 없었다' 등의 응답 7개 이외에 93명의 서울대학교 학생들은 부모님이 노력한 결과물에 대해 칭찬하셨다고 답했다. 그리기나 만들기 같은 활동은 주로 초등학생 때 많이 하니 어린 자녀가 만들어온 무엇인들 잘했다고 칭찬하지 않았을까. '결과물에 상관없이 칭찬해주셨다', '잘했다고 말씀해주셨다' 등 67개의 답변은 부모님들이 항상 결과물에 대해 '잘했다', '대단하다'라는 말로 반응하셨다고 응답했다.

그런데 정답이 없는 위의 서술형 질문에 단순하게 칭찬하셨다는 답변이 아니라 특별한 답변이 26개나 있었다. 13개의 답변은 부모님이 자신의 결과물을 대학생이 된 지금까지도 보관하거나 집 안에 걸어둔다고 한 답변이다. 칭찬을 넘어 자신의 결과물을 소중한 보물처럼 아껴주신 부모님의 모습에 감동하지 않을 사람은 없다. 이러한 부모님의 반응을 보고 다음에 비슷한 활동이 있었을 때 그 활동에 얼마나 열성적으로 임했을지 쉽게 상상할 수 있다.

나머지 13개의 답변은 결과물보다는 노력의 과정을 묻고 그 노력 자체에 대해 칭찬하셨다는 답변이었다. 자녀에게서 '노력의 과정을 칭찬하셨다'라는 답이 나왔다는 것은 그만큼 부모님이 '노력하는 과정이 중요하다'는 철학으로 영향을 주셨다는 것의 반증일 것이다. 부모님과 함께한 많은 시간 동안 노력의 중요성을 들어온 자녀는 공부에 있어서도 노력이 얼마나 중요한가를 굳이 따로 설명하지 않아도 스스로 받아들일 수 있을 것이다.

Q2 잘못했을 때 부모님은 어떻게 하셨나요?

A2 ① 잘못한 것을 이해하도록 정확히 짚어주셨다.

② 스스로 잘못을 말하고 깨닫도록 했다.

잘못한 것에 대응하는 방식은 매우 다양했다. 특정한 방법의 설명 없이 '혼났다'는 응답을 포함해 다소 직설적으로 '정신 안 차릴래?'와 같은 말로 혼났다는 응답이 21개였다. 이외에도 '도덕적 잘못 등 특정한 잘못을 크게 혼내셨다'(10개), '잘못에 대해 따끔하게 말로 혼났다'(9개), '체벌하신 적도 있다'(7개), '체벌은 안 하셨다'(3개), '처음에는 실수라고 말하셨다'(2개) 등 다양한 응답이 나왔다.

하지만 단연 돋보이는 응답은 '잘못이 무엇인지 알도록 정확히 짚어주셨다'라는 응답이다. 총 27개였다. 자신이 잘못한 이유에 대해 충분한 설명을 듣고 혼난 사람은 혼난 사실에 대해서 인정하고 진정으로 반성할 수 있는 사람이 될 것이다. 그리고 '스스로 잘못을 말하도록 했다'라는 응답도 21개였다. 이 응답은 자신의 잘못이 무엇인지 알도록 짚어준 것과 비슷한 맥락이다. 자신의 잘못이 무엇인지 모르는 사람은 벌을 받아도 발전이 없다. 이와 같은 양육태도를 인지한 학생은 공부할 때도 자신의 잘못에 대해 진정으로 반성하고 발전하는 학생이었을 것이다.

Q3 공부하라는 말을 얼마나 하셨나요?

A3 ① 거의 안 하셨다.

② 안 하셨다.

위의 질문에는 '거의 안 하셨다'(61개), '안 하셨다'(18개), '매일 하셨다'(11개), '시험기간에만 하셨다'(3개), '기타'(7개)의 응답이 나왔다. '안 하셨다'라는 응답 중에는 '전혀 안 하셨다'라는 응답도 있었다. 하지만 '거의 안 하셨다'와 '시험 기간에만 하셨다'와 '기타' 응답을 보면 서울대생이 공부하라는 말을 왜 거의 듣지 않았는지 알 수 있다. '거의 안 하셨다'라는 응답에는 '스스로 알아서 잘 했기 때문에'라는 말이 여러 번 따라 붙었다. 또한 '시험 기간에만 하셨다'는 것은 서울대생 또한 시험 기간임에도 불구하고 그에 합당한 공부를 하지 않았다는 것을 보여주는 것이다. 그리고 '기타'에는 모두 비슷한 답변이 있었다. '중학교 때는 자주 하셨지만 고등학교 때는 하지 않으셨다', '오히려 대학교에 오니 하신다' 등의 답변이다. 전자의 답변은 고등학교 때는 성적이 어느 정도 올라왔거나 수능 때문에 스트레스를 받지 않도록 하기 위해 공부하라는 말을 줄이셨기 때문이라 생각한다. 후자의 답변에도 '고등학교 때는 알아서 잘 했는데, 대학교에 오니 덜 한다'라는 의미가 들어 있다.

'공부하라'는 말은 부모와 자녀의 신뢰 관계에 따라 빈도수가 결정되는 것으로 생각된다. '공부하라'는 말을 듣기 싫으면 미리 나서서 신뢰를 쌓아야 하는 것이다. 반면 부모도 자녀에게 무작정 공부하라는 말을 하기보다는 대화로서 스스로 공부할 수 있도록 유도해야 한다.

Q4 시험 성적이 낮게 나왔을 때 어떻게 반응하셨나요?
A4 ① 다음에 잘 보면 된다고 위로와 격려를 해주셨다.
② 시험 성적이 낮아진 원인을 분석하라고 조언을 해주셨다.

'호되게 꾸짖으셨다', '특별히 낮은 적이 없었다', '다음 시험 때 압박이 심했다'가 '기타' 응답(3개)이었다. '신경 쓰지 않거나 먼저 말을 꺼내지 않으셨다'란 응답이 13개였고, '노력 여부에 따라 꾸짖을 때도, 넘어가실 때도 있었다'란 응답이 5개였다.

가장 많은 응답은 '다음에 잘 보라고 하셨다'(57개)였다. 더욱 구체적인 답변에는 '후회하는 모습을 혼내셨다'라는 말이 있는 것을 보아 이와 같은 응답을 했던 학생들의 부모님들은 미래지향적으로 생각하는 것으로 보인다. 다음으로 많은 응답은 '원인을 분석하라고 말씀하시거나 함께 원인을 고민했다'(22개)였다. 이 역시 다음에 있을 시험에서 같은 실수를 반복하지 않기를 바라는 차원에서의 반응이다.

Q5 부모님이 자신을 대했던 것 중에서, 미래의 자녀에게도 똑같이 해야 겠다고 생각하는 것이 무엇인가요?

A5 '친구같이' 허물없이 대화하고, '자율성'을 보장하고, '존중'해주신 것.

위 질문에 대한 대답은 통계를 제대로 낼 수 없을 만큼 다양했다. 그럼에도 불구하고 가장 많이 등장했던 단어나 어구는 위의 답과 같다. 자녀와 대화할 때 친구처럼 허물없이 모든 것을 터놓고 대화하는 부모가 되고자 했다. 또한 지나치게 억압하는 것이 아니라 자녀가 스스로 하고 싶은 것을 하도록 충분한 자율성을 보장해주는 부모가 되고자 했다. 자율성을 보장해주는 만큼 책임감도 강조할 것이라고 응답했다. 그리고 자녀를 믿고 자녀의 선택을 존중해주며 그 선택을 완전히 지지해주는 부모가 되고자 했다.

부모가 되었을 때 자신의 부모님의 모습을 닮고자 하는 이유는 그만큼 부모님에게 긍정적인 영향을 받은 부분이 있기 때문에 자신의 자녀도 그것을 느끼게 해주고 싶어서일 것이다. 그리고 여러 명에게서 공통된 답이 나왔다는 것에도 주목해야 한다. 부모와 허물없이 대화하고 자율성이 보장되며 자신의 선택이 존중되었던 기억이 그들의 특성을 발전시키는 데 큰 부분을 차지했을 것이다.

Q6 미래에 자녀의 공부를 위해 반드시 취하기로 마음먹은 행동이나 태도는 무엇인가요?

A6 스스로 공부할 동기를 찾을 수 있도록 할 것이고, 환경을 조성하기 위해 모범을 보일 것이다.

서울대학생들이 자신의 부모로부터 영향을 받은 양육태도는 그들이 부모가 되었을 때나 그 자녀에게도 영향을 미칠 것이다. 이 역시 개인마다 다양한 답을 내놓았지만 공통적으로 나온 답변이 있다. 먼저 공부를 강요하지 않고 스스로 공부 동기를 찾을 수 있도록 한다는 것이다. 이는 그들의 부모가 그들에게 공부하라고 강요하지 않았던 모습과 유사하다. 그리고 공부 동기를 찾을 수 있도록 환경을 조성해줄 것이라고도 했다. 지면상 서울대학교 학생들의 부모가 공부 동기를 어떻게 부여했는지에 대한 설문 조사 결과는 따로 정리하지 않았다. 공부 동기를 부여하는 방식에서도 공통적인 부분이 있었는데 '성공한 사람의 이야기 들려주기', '자서전 읽게 하기', '진로와 관련된 박물관 데려가기' 등 자녀들이 눈으로 보고 피부로 느끼며 공부 동기를 찾도록 하셨다. 이러한 모습이 그들에게 영향을 끼친 것이다. 마지막으로 공통적인 응답은 '아이가 공부하게 하기 위해 자신이 공부하고 책 읽는 모습을 보여줄 것'이라는 응답이었다. 아이가 관심을 가질 수 있도록 부모인 자신이 먼저 자연스럽게 행동할 것이라는 말이다.

설문 조사에 응한 서울대학교 재학생 100명 구성(단위: 명)

❶ 단과대학 구성: 간호대 7, 경영대 1, 공대 24, 농생대 3, 미대 3, 사범대 27, 사회과학대 10, 생활대 3, 수의대 1, 약학대 2, 음대 3, 의대 3, 인문대 9, 자연과학대 2, 치의대 2

❷ 수시 / 정시 합격생 구성: 수시 75, 정시 25

❸ 고등학교 소재지 구성: 서울특별시 36, 경기도 19, 인천 10, 강원도 1, 충청도 4, 대전광역시 3, 전라도 8, 광주광역시 4, 경상도 2, 대구광역시 6, 부산광역시 2, 울산광역시 1, 제주도 4

공부법을 부탁해

Part2

하루에도
수십 번씩 흔들리는
그대,
자신을 믿어라

나에게 맞는 시간 관리법은 따로 있다

누구에게나 똑같이 주어진 24시간뿐인 하루를 얼마나 효율적으로 사용하는지에 따라 성적이 결정된다. 시간 관리의 중요성은 다들 알고 있는 것이라 이미 많은 공부법 관련 서적들이 나와 있고, 또 학교에서도 선생님들이나 많은 공부 잘하는 친구들이 자신들의 시간 관리 비법을 알려 준다. 하지만 절대 전교 1등의 시간표나 서울대학교에 입학한 사람의 시간표를 그대로 따라서 공부하는 것이 나한테도 맞는 것은 아니다. 누구에게나 다 잘 맞는 시간 관리 방법 따위는 존재하지 않는다. 다만 여러 방법을 참고할 수 있을 뿐이다.

나만의 시간 관리 방법 만들기

화장품을 쓰더라도 어떤 사람은 A사 화장품은 잘 맞지만, B사 화장품을 사용하면 피부가 울긋불긋해진다. 그래서 화장품을 사용하는 사람들은 A, B, C사 화장품의 샘플을 받아 사용해보는 것으로 내가 어디 제품이 맞는지를 확인한다. 자신에게 맞는 시간 관리 방법을 찾는 것도 마찬가지다. 자신에게 딱 맞는 시간 관리법을 찾는 방법은 2가지가 있다. 첫째, 여러 책이나 선생님, 친구, 선배들의 조언을 통해 시간 관리 방법을 알아낸다. 둘째, 주변의 조언 없이 혼자 새로운 방법을 개척해가면서 자신만의 시간 관리 방법을 만들어 가는 방법이다. 2가지 방법 모두 짧으면 일주일부터 길게는 한 달 정도까지 시도해봐야 한다. 그러한 과정 속에서 어떤 것이 내게 맞는 시간 관리 방법인지를 찾아내는 것이 중요하다. 내 경우 후자의 방법으로 나만의 방법을 만들었고 고등학교 2학년 겨울방학부터 수능 한두 달 전까지 사용했다.

나만의 시간 관리법, 전 과목의 균형을 맞추다

고3이 가까워지면서 수능 준비를 위해 국어, 영어, 수학, 과학 모두를 균형 있게 공부하는 것이 필요해졌다. 시간표를 짜지 않고 공부하다 보니 온종일 수학이나 과학만을 공부하는 날도 있었다. 그래서 전체 과목을 균형 있게 공부하기 위해 3가지 원칙에 따라 공부를 했다. 첫 번째 원칙은 '하루에 모든 과목을 조금씩이라도 보기'였다. 왜냐하면 모든 과목이 뭐가 우선이라고 할 것 없이 시급했기 때문이다. 하루라도 보지 않은 과목은 성적이 조금씩 떨어졌다.

두 번째 원칙은 '각 시간대에 공부하기 적절한 과목을 배치하고 공부하기'였다. 공부하다 보면 각 시간대마다 적합한 과목이 있다는 것을 알게 된다. 예를 들어 영어나 국어는 지문을 눈으로 읽는 것이 중요하고 손이 다소 차분한 편이라 졸음이 오는 점심 식사 이후에는 적합하지 않다. 반면에 수학은 계속 손을 움직이면서 문제를 풀어야 해서 졸음이 올 때 일부러 공부를 하면 잠이 달아난다. 이렇게 졸린 것을 기준으로 공부 과목을 각 시간대에 배치하니 책상에서 조는 시간이 확연히 줄어들었다.

세 번째 원칙은 '한 과목 내에서도 순서 있게 공부하기'였다. 예를 들어 영어의 경우엔 단어 외우기, 문제 풀기, 문법 공부, 제대로 해석하며 공부하기로 나누었다. 먼저 나는 단어를 30분에서 한 시간 외우면서 내 몸속의 영어 DNA를 일깨웠고 예열이 된 후엔 문제를 시험 보듯이 빠르게 풀었다. 하지만 문제를 풀 때는 모든 문장을 제대로 해석하지 않았다. 핵심어나 핵심 문장만 해석하면 답을 알 수 있기 때문이다. 대신에 문제를 풀고 나서는 한 문제, 한 문제의 모든 지문을 한 문장, 한 단어도 빠짐없이 제대로 해석하는 연습을 했다.

네 번째 원칙은 '계획을 짤 때 공부량이 아니라 공부 시간을 기준으로 짜기'였다. 공부량을 기준으로 삼으면 그 공부량을 채우기 위해 다른 과목을 제대로 공부하지 못하게 된다. 하지만 시간을 기준으로 하면 시간 내에 이 내용을 끝내야 한다는 생각이 강해져 주어진 시간에 집중할 수 있다.

이와 같은 원칙으로 고등학교 2학년 겨울방학부터 수능까지 지켜가며 공부했다. 그러다 보니 균형 있게 모든 과목을 공부할 수 있었을 뿐만 아니라 집중력을 끝까지 유지할 수 있었다.

休日[쉴 휴, 날 일]이 아니라 濺日[땀 흘릴 휴, 날 일]이다

평일에는 학교에 가서 수업을 들어야 하므로 사실 스스로 공부할 수 있는 시간이 적다. 쉬는 시간까지 공부를 독하게 한다고 해도 8시간 내외밖에 안 된다. 공부는 스스로 복습을 통해 자기 것으로 만드는 시간이 필요한데 평일에는 그럴 시간적 여유가 많지 않다. 따라서 비교적 여유가 있는 휴일은 온전히 내가 필요한 것들로 계획을 세워서 땀 흘리며 알차게 보낼 수 있는 절호의 기회인 것이다.

먼저 나는 휴일에 평일에 부족했던 것을 보충했다. 평일에 계획을 세워 놓고 다 끝내지 못하거나 아예 손도 못 댄 것들을 주말에 보충하거나 평일에는 공부하지 못했던 과목을 공부했다. 나는 영어 점수가 잘 나오지 않아서 평일에 하루 약 2~3시간 정도는 무조건 영어 공부에 투자했다. 그리고 영어 공부를 하고 남는 시간을 나누어 수학, 국어, 탐구 과목을 공부했다. 따라서 평일에 이 과목들을 공부하는 양이 적었기 때문에 주말(휴일)에는 이 과목들의 비중을 늘렸다. 이렇게 공부를 하니 일주일 공부 계획을 차질 없이 마무리할 수 있었다.

다음으로 주말에는 모의고사 풀기를 집중적으로 했다. 모의고사 한 회를 풀기 위해서는 과목당 적어도 1시간은 투자해야 한다. 그래서 시간이 별로 없는 평일에는 모의고사를 푸는 것이 부담스럽다. 하지만 그렇다고 모의고사를 풀지 않을 수도 없다. 계속해서 연습하면서 감을 잃지 않는 것과 다양한 문제들을 접해보는 것이 중요하기 때문이다. 또 모의고사를 정기적으로 풀어보면 오랫동안 집중할 수 있는 능력을 기를 수 있다. 수능에 필요한 능력을 유지하기 위해서 토, 일 중 날을 잡고 아침부터 오후까지 수능과 똑같이 시간을 배분하여 풀어보는 시간을 가졌다.

마지막으로는 평일에 부족한 잠을 조금 보충했다. 고등학생은 평일에 등교하기 위해서 늦어도 7시에는 기상해야 하는 경우가 다반사다. 아침에 일찍 일어나야 하기 때문에 피로가 누적될 수 있다. 이렇게 주중에 쌓인 피로를 주말에는 풀어줘야 한다. 주말에는 평소보다 2~3시간이라도 더 자서 체력을 보충하면 좋다. 여기서 중요한 것은 아침에 딱 2시간 정도만 더 자고 낮에는 낮잠을 자지 않도록 해야 한다는 것이다. 그동안 유지해온 생활 리듬이 깨질 정도면 곤란하다. 다시 생활 리듬을 제대로 돌리려면 2~3배의 노력이 더 필요하니 꼭 주의해야 한다.

나를 이기기 위한 3개의 단어: 반성, 다짐, 실천

반드시 이루고자 하는 목표나 꿈을 지니고 있는 사람은 이 단어를 품고 산다. '불광불급(不狂不及)'이라는 말이다. '미치지' 않고서는 '미칠' 수 없다는 뜻을 가진 사자성어다. 누군가가 미치고자 하는 목표가 있다면 그 목표를 위해 남들이 미쳤다고 할 만큼 자신의 모든 것을 쏟아야 한다. 사실 정말 이루고자 하는 목표가 진정으로 원하는 목표라면 미치고자 하지 않아도 미칠 수밖에 없다. 미친 듯이 열중할 수 없다면, 자신을 자책하기에 앞서 자신이 설정한 목표가 진정으로 원하는 것인지를 스스로에게 물어야 한다. 하지만 그 물음에 그렇다고 답한 사람이라도, 미친 듯이 열중하는 것이 쉬운 일은 아니다. 우리 몸은 아프고 불편하고 힘든 것을 싫어하기 때문이다. 가장 편한 자세를 정해서 15분 동안 그 자세로 버텨보자. 5분이 채 지나지 않아 우리 몸은 자세를 바꾸고자 한다. 가장 편한 자세도 곧바로 '불편함'으로 인식해버리는 우리의 몸을 잘 보여주는 예시이다. 이렇게 한없이 편해지고 싶어하는 나를 이기기 위해서는 반성-다짐-실천이라는 3박자를 습관으로 삼아야 한다.

반성하는 것의 핵심, 곧이곧대로 볼 것

반성은 앞으로 나아가기 위한 첫 단계다. 그리고 목표를 이루기까지 끊임없이 반복해야 하는 것이다. 여기서 반성은 '자신이 원하는 대로 하지 못했던 것에 대해 되돌아보고 깨우침'을 뜻한다. 목표를 세우고 시작하기 전에 예전에 세웠던 목표를 이루는 과정에서 자신이 반복적으로 범했던, 적합하지 않았던 행동이나 생각을 떠올려봐야 한다. 새로운 목표를 시작할 때도 여러분이 목표를 이루는 데 방해가 될 수 있는 치명적인 약점일 수 있기 때문이다. 예를 들어 아침잠이 많은 학생이 무리하면서까지 아침형 인간이 되려 하다가는 오히려 모든 것을 망칠 수 있다. 시작할 때뿐만 아니라 반성을 통해 약점을 알고 난 후 본격적으로 목표 달성을 위해 달려갈 때도 끊임없이 자신을 되돌아봐야 한다. 잘 달려가고 있는지, 잘 달려가고 있지 않다면 무엇이 문제인지 살펴야 한다.

반성에 있어서 중요한 것은 '곧이곧대로 보는 것'이다. 하루든, 일주일이든 일정 기간 동안의 자신을 곧이곧대로 보는 것은 솔직히 부담스럽다. 목표를 달성하고자 다짐했음에도 불구하고 나약하게 포기해버린 자신을 발견하는 과정이기 때문이다. 나도 합리화를 했던 적이 한두 번이 아니다. '이때는 조금 힘든 날이었어.', '친구들과 즐거웠으니까 됐지.', '이제 잘하면 되지 않느냐.'라며 스스로를 어이없이 위로했다. 다시 잘 해보자는 의미로 자신에게 주는 위로가 나쁜 것은 아니다. 하지만 제대로 하지 못했던 사실을 가리고, 자신은 완벽했던 것처럼 스스로를 속이는 것은 독

약일 뿐이다. 달콤한 위로의 말을 하기 전에 자신이 잘 하지 못했던 것들을 사실 그대로 적고, 자신의 약점을 구체적으로 파악해야 한다. 그래야만 목표 달성 레이스에서 뒤처지지 않을 수 있다. 그렇게 파악한 자신의 약점은 다음 단계인 '다짐'에서 중요한 역할을 할 것이다.

다짐의 핵심, 밀고 당기기가 필요하다

나는 스스로를 다그치기 위해 하루에도 몇 번씩 다짐하곤 했다. '오늘은 수업시간에 절대로 졸지 않을 것이다', '오늘 영어 단어 100개를 외우기 전까지는 자지 않을 것이다', '독서실 불은 내가 마지막으로 끌 것이다' 등 그 종류도 셀 수 없을 만큼 많다. 그러나 실상 제대로 지킨 다짐은 거의 없었다. 왜냐하면 스스로는 적당하다고 생각했던 그 다짐들이 객관적으로 보았을 때는 '다짐'이 아니라 '오기'였기 때문이다. '오기'는 자신을 다그치는 채찍이 아니라 멍들게 하는 몽둥이다. 자신의 처지를 고려하지 않기 때문에 자신의 몸을 지나치게 고달프게 하는 것은 물론이고 다짐했던 내용을 제대로 지키지 못해 느끼는 죄책감 탓에 정신적으로도 고달프다.

다짐을 할 때는 '밀고 당기기'가 필요하다. 반성을 통해 알게 된 자신의 약점을 고려하여 서서히 그 약점을 극복할 수 있도록 해야 한다. 4시간을 자면 붙고, 5시간을 자면 떨어진다는 의미의 '사당오락'을 예로 들 수 있다. 대한민국 수험생이라면 한 번쯤은 들어보았을 '사당오락'이라는 말을 무작정 다짐하는 것은 '오기'일 수 있다. 지금까지 7시간을 자며 생활해온 학생이 무작정 4시간을 자게 된다면, 부족한 수면으로 일상생활이 불가능할 뿐만 아니라 건강에 문제가 생길 수 있다. 잠을 충분히 자야 하는 것이 자신의 약점이라고 생각하면서 '사당오락'을 해야겠다는 생각이 들었다면 적정한 밀고 당기기를 해야 한다. '지금은 7시간을 자지만 일주일에 10분씩 기상 시간을 앞당기겠다.'처럼 자신의 약점을 서서히 극복해가는 과정이 필요하다. 자신이 스스로에게 요구하고 있는 것이 '오기'인지 '다짐'인지를 판단하는 것이 '다짐하기'의 핵심이다. 스스로에게 요구하는 것이 '다짐'이라면 이제 그것을 실천하는 것이 다음 단계다.

실천의 핵심, 약속은 지키기 위해서 존재한다

지키지 않을 것이라면 약속할 이유가 없다. 스스로와의 약속만큼은 어떠한 핑계도 통하지 않아야 한다. 약속을 기다리며 장맛비에 불어난 강물에 휩쓸려 목숨을 잃은 미생이라는 남자의 이야기처럼 미련할 정도로 지켜야 한다. 물론 그 과정이 힘들 것이며 수차례 실패할 것이다. 그래서 앞서 말한 것처럼 자신의 약점을 파악하고, 오기를 부릴 것이 아니라 적당한 '다짐'을 해야 하는 것이다. 반성-다짐-실천을 무한히 반복해야만 스스로 지킬 수 없는 약속을 만들지도 않을 것이고, 모든 약속을 제대로 실천할 수 있을 것이다. 이 과정을 여러분이 쓰고 있는 플래너나 일기장을 통해 지켜나가기를 추천한다. 그리고 목표를 이루고 난 뒤에 그 과정을 되돌아보자. 스스로와 부단히 싸웠던 자신의 모습을 직접 확인할 수 있을 것이다.

롤러코스터 성적에 대처하는 우리의 자세

나의 고2 생활은 롤러코스터를 타는 듯 아찔했다. 놀라울 만큼 좋은 성적을 냈다가 눈앞이 깜깜할 만큼 나쁜 성적을 받기도 했다. 어떤 것이 내 성적인지 가늠할 수가 없었다. 나는 안심하지도, 미친 듯이 공부하지도 못했다. 좋은 성적을 받고 안심하자니 과거에 갑자기 뚝 떨어져버렸던 점수가 나를 불안하게 했다. 좋지 않은 성적을 받고 미친 듯이 공부하자니 지난 시험에 잘 나왔던 점수가 나의 열정에 찬물을 끼얹었다. '이 정도면 잘하긴 하는 거 아니야?' 라며 말이다.

그렇게 내 마음은 냄비처럼 쉽게 차가워졌다 뜨거워졌다를 반복했다. 점수가 오르면 기뻐하고 내려가면 절망하는 감정적인 동요는 공부 방향을 잡지 못하게 하여 계속해서 롤러코스터 같은 성적을 냈다. 어디에 장단을 맞춰야 할지 몰라 혼란스러운 날들의 연속이었다.

고등학교 2학년 때 담임 선생님은 모의고사를 치른 뒤 반 학생들과 일대일 상담을 하셨다. 그날도 아마 9월 모의고사를 보고 난 후였을 것이다. 여느 때와 다름없이 나는 내 차례가 되자 당연하게 교무실로 향했다. 그것이 고등학교 시절의 터닝 포인트가 될지는 꿈에도 모르고 말이다. 아직도 정확히 기억하고 있다. 6월 모의고사에서 80점대를 맞았던 언어 영역(현 국어 영역)이 95점, 4점짜리 문제 하나를 틀려 96점을 맞았던 수학 영역은 갑자기 76점으로 20점이 뚝 떨어졌다. 나는 솔직한 마음을 선생님께 털어놓았다. 도대체 어떤 게 내 실력인지 모르겠다고 말이다. 어떤 성적을 기준으로 해서 공부해야 할지 모르겠다고 말이다. 그때 선생님의 한 마디는 내가 성적을 대하는 자세를 완전히 바꿔놓았다.

"그중 어느 것도 너의 실력이 아니야."

처음엔 이해가 잘 되지 않았다. 잘 모르겠다는 내 표정을 읽어내셨는지 선생님께서 설명을 덧붙이셨다.

"이 세상에 존재하는 어떤 시험도 너의 실력을 정확하게 측정할 수는 없어. 시험 점수는 말 그대로 그 시험에 대한 점수지 네 실력 점수가 아니란다. 실력은 시험 점수처럼 그리 쉽게 오르내리지 않아."

그렇다. 애초에 성적은 내 실력을 정확하게 보여줄 수 없다. 성적이 떨어졌다고 해서 그것이 꼭 내 실력이 떨어졌음을 의미하는 것은 아니다. 반대로 실력이 향상되었다고 해서 꼭 성적이 오르는 것도 아니다. 점수에 영향을 주는 것은 나의 실력뿐만이 아니기 때문이다. 문제의 난도, 운, 그날의 컨디션 등에 따라 얼마든지 바뀔 수 있는 것이 바로 시험 점수이다.

이것이 우리가 시험 점수에 연연해서는 안 되는 이유다. 시험 점수 자체에 집착하면 그 안에 다른 요소들과 뒤섞여 있는 '실력'을 볼 수 없도록 만들기 때문이다. 예컨대, 영어 영역의 빈칸 문제들이 어려워 몇 개를 눈 딱 감고 찍었는데 모두 맞아 점수가 올랐다고 해보자. 시험 점수를 자신의 실력이라고 생각하는 친구들은 성적이 올랐다고 기뻐할 것이다. 하지만 과연 기뻐할 일일까? 생각해보면 그 점수는 결국 아무것도 아니다. 운이 좋아 맞은 것일 뿐, 정작 중요한 실력은 그대로이거나 심지어는 퇴화했을지도 모를 일이다.

나의 터닝 포인트가 되었던 그 대화는 오르락내리락하는 점수와 함께 요동치던 내 마음을 바로 잡아주었다. 그리고 시험 점수가 마치 내 실력 점수인 것처럼 점수에 울고 웃을 것이 아니라, 시험을 보는 과정에서 경험했던 나의 실력을 돌이켜보기로 결심했다.

시험지 맨 위에 빨간 글씨로 써 있는 점수에 나는 더 이상 흔들리지 않았다. 차분히 시험지를 넘겨가며 내가 풀었던 문제들을 돌아봤다. 이전처럼 단순히 내 점수를 깎아 먹은 문제들이 무엇인지 확인하며 안타까워하는 것이 아니었다. 문제를 푸는 과정을 돌이켜보며, 맞았던 문제도 '아, 이 문학 지문은 잘 읽히지 않아서 처음으로 돌아가기를 반복했었지. 이 수학 문제는 처음에 다른 접근법을 사용해 헤맸었지. 이 빈칸 추론 문제는 내용이 이해되지 않아 그럴듯한 보기로 찍었었지.' 하며 따로 표시해두었다. 이렇게 함으로써 나는 시험 점수에 가려 놓칠 뻔했던 내 진짜 '실력'을 만날 수 있었다.

알고 보니 6월 모의고사 때나 9월 모의고사 때나 내 실력에 눈에 띄는 변화는 없었다. 수학 점수가 떨어졌던 이유는, 어렴풋하게 기억에 남아 있는 풀이 방식으로 맞췄던 문제가 한 번 더 응용해서 나오자 틀렸던 것이다. 국어 영역에서 점수가 올랐던 이유는, 평소 힘들어하던 고전소설이 아니라 곧잘 풀던 '과학·기술' 비문학 지문이 두 개나 나왔기 때문이다. 국어 성적이 올랐지만 내 실력이 나아진 것이라고 말할 수 없었다. 수학 성적이 떨어졌지만 내 실력이 떨어진 것이 아니라 원래 몰랐던 것이었다.

철저한 자기 반성을 통해 심리적 안정을 취하자

이렇게 철저한 자기 반성을 통해 알게 된 나의 진짜 실력은 내 마음을 잔잔하게 해주었다. 사실 그리 유쾌한 감정은 아니었다. 올랐다고 생각했던 국어 점수가 사실 오른 것이 아니라는 불편한 진실 또한 인정해야만 했기 때문이다. 하지만, 내 성적이 안정적인 상승세를 유지한 것이 바로 이때부터였다. 나는 시험 점수에 감정적으로 휩쓸리지 않고 실력을 올리기 위해서 무엇을 해야 하는지 이성적으로 판단하고 실천할 수 있었다. 냄비 같던 내 마음이 서서히 달아올라 뚝배기처럼 오랫동안 그 열정의 온도를 유지했다.

점수가 아닌 실력에 집중하면 마음이 롤러코스터를 타듯 요동칠 일은 거의 없다. 선생님의 말씀처럼 실력은 시험 점수처럼 쉽게 오르내리지 않기 때문이다. 엄청난 노력이 있어야만 실력이 향상되고, 그렇게 한 번 나아진 실력은 쉽사리 떨어지지 않는다. 그렇기에 시험 점수에 일희일비(一喜一悲)하는 것은 어리석은 일이지만, 자신의 실력을 파악하고 그에 울고 웃는 것은 가치 있는 일이다. 그 '실력'이 냉정한 자기 성찰의 결과물이라면 말이다. 점수가 아닌 실력에 일희일비하자. 열심히 노력했음에도 불구하고 실력이 떨어졌다고 느낀다면 마음껏 슬퍼해보고, 엄청난 노력으로 실력이 향상되었다고 느낀다면 마음껏 뿌듯해하자. 그러면 어느새 안정적인 상승세에 놓여 있는 자신을 발견할 수 있을 것이다.

목표 없는 공부는 허공에 쏜 화살이다

나침반도 없던 시절, 뱃사람들은 북극성을 기준으로 방향을 잡고 목적지에 도착했다고 한다. 만약 그들에게 북극성이 없었다면 아무것도 없는 망망대해에서 집으로 돌아올 수 없었을 것이다. 우리의 삶도 마찬가지이다. 목표와 기준이 없으면 갈피를 잡지 못하고 헤맬 수밖에 없다. 때문에 우리는 스스로 목표와 기준을 설정해야만 한다. 목표와 기준이 있다면 내가 가는 방향이 올바른지, 속도는 적당한지 등 나의 상황을 수시로 살피면서 전진할 수 있다.

목표를 설정할 때 중요한 것은 난도다. 너무 쉬운 목표는 스스로를 나태하게 만든다. 더 열심히 해서 발전할 수 있음에도 불구하고 '이 정도면 충분해!'라는 안일한 생각을 가지게 하기 때문이다. 스스로도 쉬운 것을 알기 때문에 만족감도 감소하게 된다. 반대로 너무 어려운 목표는 스스로를 자책하게, 목표를 포기하게 만든다. 그렇기 때문에 가장 중요한 것은 너무 쉽지도, 너무 어렵지도 않은 목표를 설정하는 것이다.

목표를 세우기 전에 내 수준을 제대로 알자

적정 수준의 목표를 설정하기 위해선 당연히 나에 대해 제대로 바라볼 수 있어야 한다. 내가 정확히 국어는 몇 점을 받고 수학은 몇 점을 받을 수 있는지, 영어 공부는 얼마나 되어 있고 또 내 내신성적은 어느 정도인지를 파악해야 한다. 그래야 내가 수능에서 어느 정도 점수를 받을 수 있으며 어느 정도의 대학교에 합격할 수 있을지 알 수 있기 때문이다. 만약 자신을 제대로 바라보지 못해 너무 과대평가하게 된다면 목표를 높게 잡게 되고, 그 목표에 다다르지 못했을 때 깊은 상실감에 빠질 수 있다. 반대로 너무 과소평가하게 된다면 발전이 없게 된다.

이러한 사실을 제대로 알지 못했을 때 나는 내 실력을 있는 그대로 보지 못했다. 모의고사를 보면 항상 실수를 했지만 실수를 실력이라 생각하지 않고 실수한 문제를 거의 맞은 문제로 생각했었다. 결국 고3이 돼서 평가원 모의고사를 볼 때 나의 거품 빠진 모습을 보았고, 내 목표에서 내가 훨씬 멀리 떨어져 있다는 사실을 인지하게 되었다. 그때부터 부족한 부분을 있는 그대로 바라보고 공부한 덕분에 성적이 오르게 되었다.

자기 자신을 거품이 낀 상태로 바라보지 말자. 거품 낀 자신은 나 자신이 아니라 허상일 뿐이다. 거품을 빼고 자기 자신을 바라본 후 거품이 아닌 실제의 내가 그 정도의 수준이 되도록 만들어야 한다.

목표는 1년 단위부터 하루 단위까지 세우자

목표가 꼭 거창할 필요는 없다. 목표는 누구에게 과시하는 것이 목적이 아니라 자기 자신에 대한 약속이자 평가 수단이기 때문이다. 하루하루 살아가는 데 있어서 내가 잘 나아가고 있는지 방향을 확인할 수만 있으면 된다. 먼저 최종 목표를 설정하는 것이 좋다. 1년이어도 좋고 고등학교 최종 목표여도 좋다. 3학년 되기 전에 수학 100점 만들기 같은 목표도 좋다. 또한 구체적인 목표일 필요도 없다. 미래의 일이 어떻게 변화할지 모르기 때문이다. 그러므로 완전히 구체적이어야 한다는 부담감은 갖지 않아도 좋다. 목표 이외에도 '동트기 전 새벽이 가장 어둡다', '나는 할 수 있다' 같은 명언이나 좌우명을 설정하는 것도 좋다.

큰 목표를 설정했다면 큰 목표를 이루기 위한 작은 목표들을 설정하자. 작은 노력들이 모여야 큰 목표를 이룰 수 있기 때문이다. 예를 들어 '올해 마지막 모의고사에서 수학 100점 맞기'라는 목표를 설정했다고 하자. 그러면 하루에 수학문제 50문제 풀기, 일주일에 한 번 모의고사 시간 맞춰 풀기, 6월 모의고사까지 90점 만들기 등 큰 목표를 이루기 위해 차근차근 계단을 설정해서 노력하자. 결국엔 어느새 수학 100점이라는 큰 목표에 도달할 수 있다.

눈에 보이는 곳에 목표를 두자

그리고 눈에 보이는 곳에 자신의 목표를 두면 좋다. 계속해서 눈으로 보게 된다면 잊지 않을 수 있고, 매일 내가 옳은 방향으로 가고 있는지 확인할 수 있기 때문이다. 목표를 매일 보다 보면 목표가 가깝게 느껴지게 되고, 이는 곧 자신감 상승으로 이어진다. 그리고 그 자신감으로 열정을 다하다 보면 결국에는 보다 쉽게 달성할 수 있게 된다. 나는 주로 독서실에서 공부를 했는데 내 자리 앞에 포스트잇으로 좋은 글귀와 나의 다짐들을 적어 놓았었다. 힘들 때마다 이 글귀들과 나의 다짐들은 내가 쓰러지지 않고 계속 앞으로 나아가는 데 큰 도움이 되었다. 또 매일의 작은 목표들을 플래너에 적어 책상 앞에 세워두었는데, 내가 게으름을 피우지 않도록 채찍질하는 데 도움이 되었다.

끝까지 공부할 수 있는 힘을 길러라

오래달리기에서는 좋은 성적을 내기 위해 페이스 조절이 필요하다. 오래달리기를 해본 사람이라면 처음에 선두권에서 달리기 위해 자신의 페이스에 맞지 않게 빠르게 달리다가 오히려 늦게 결승선을 통과한 경험을 해본 적이 있을 것이다. 처음에 너무 빠르게 달리면 후반부에 가서 지치게 되고, 반대로 계속 너무 천천히 달리면 기록이 좋지 않다. 자신의 근력, 지구력 등 몸 상태에 따른 페이스에 맞춰서 적정한 빠르기로 지속적으로 달려야 최고의 기록이 나오게 된다.

고득점을 위한 불문율 1, 천천히 그리고 꾸준하게!

최상위권에 있는 학생들이 꼽는 공부의 법칙은 '페이스 조절'이다. 하루 이틀 밤새면서 공부하는 것은 매우 지양하는 전략이다. 그런데 간혹 어떤 학생들은 '내신 시험은 2~3주 열심히 하면 된다'고 생각하면서 오버 페이스를 하기도 한다. 하지만 사실 학기 내내 진행되는 수업을 열심히 따라가야 더 좋은 성적을 받을 수 있으므로 내신시험도 오래달리기와 비슷하다. 그러므로 공부하지 않았다고 마음이 너무 급해진 나머지 며칠간 쉬지도, 자지도 않고 공부만 하게 되면 내신시험에서 좋은 성적을 받을 수가 없다. 평상시와 너무 달라진 생활 패턴 때문에 몸이 적응하지 못하고 막상 시험을 보는 중간에 금방 피로해져 집중할 수 없기 때문이다. 따라서 내신시험에서도 반드시 자신의 페이스에 맞게 공부를 해나가야 한다. 만약 더 공부를 하고 싶다면 연습을 통해 체력을 길러야 한다.

오래달리기 중에 가장 긴 코스를 뛰어야 하는 마라톤 선수들도 처음부터 42.195km를 달릴 수 있었던 것은 아니다. 달리기뿐만 아니라 근력운동을 하면서 근력을 키웠고 거리도 10km, 20km처럼 조금씩 자신이 달릴 수 있는 거리를 늘려나갔다. 오랜 노력 끝에 42.195km를 멈추지 않고 달릴 수 있는 능력을 갖게 된 것이다. 공부도 같다. 처음부터 하루에 15시간 이상을 쉬지 않고 공부할 수 있는 사람은 없다. 연습을 통해 조금씩 공부할 수 있는 시간을 늘려나가야 한다. 처음엔 무리하지 말고 하루에 8시간 정도씩 하면서 점점 공부에 가속이 붙고 재미가 붙으면 시간을 조금씩 늘려나갈 수 있다. 하지만 그렇다고 해서 잠을 서너 시간만 자고 공부해야 할 정도로 공부 시간을 늘려야 하는 것은 아니다. 지나치게 잠을 줄이게 되면 건강에 악영향을 미치고 공부를 계속하기가 힘들어진다. 오늘 3시간을 자고 18시간 공부한 후 내일 앓아눕는 것보다 오늘 10시간, 내일 10시간 공부하는 것이 더 효율적이다. 초조해하지 말고 천천히 공부하는 습관을 들여서 꾸준히 끝까지 공부하는 자가 승자라는 말이다.

고득점을 위한 불문율 2, 의지보단 습관으로

의지로 노력하는 사람은 습관화된 사람을 이길 수 없다. 공부는 마라톤이므로 의지로 억지로만 하다 보면 금방 지칠 수밖에 없다. 그러므로 우리는 공부를 몸에 밴 습관으로 만들어야 한다. 물론 습관을 만드는 과정조차도 힘들다. 그래서 나는 습관을 만들기 위해 2가지 원칙을 정했다.

첫 번째, '책상에 오래 앉아 있기'다. 책상에 오래 앉아 있기도 여간 어려운 것이 아니다. 어렸을 때부터 성격이 너무 활발해 가만히 앉아 있지 못했고 책에 집중하지도 못했다. 대부분의 친구들이 어렸을 때 누구나 읽는 책들을 집중력이 부족해서 읽지 못했을 정도다. 이렇게 집중력이 좋지 않았던 내가 고3이 되면서 공부를 오래 하려고 마음먹었지만, 몸이 잘 따라주지 않았다. 한두 시간만 책상 앞에 있어도 몸이 근질근질해져서 화장실 간다는 핑계로 계속 일어나곤 했다. 그렇게 공부 중간에 자꾸 움직이게 되자 공부의 흐름이 끊기고 휴식에 많은 시간을 사용하게 되었다. 공부를 오래 해보지 않은 친구들도 비슷한 경험을 할 것이다. 하지만 책상에 오래 앉아 있지 않으면 공부를 오래하는 습관을 만들 수 없다. 그러므로 오랜 시간 집중력 있게 공부하길 원한다면 책상에 오래 앉아 있는 습관부터 들여야 한다. 나는 책상에 오래 앉아 있는 습관을 들이기 위해서 쉬는 시간도 책상에서 쉬었다. 그리고 웬만해서는 책상에서 일어나지 않으려고 했다. 가능한 한 3~4시간이 지나야만 일어날 수 있다고 스스로 규칙을 만들었다.

두 번째, 나는 공부의 흐름을 깨지 않기 위해 놀지 않았다. 하루의 휴식 시간이 주어지면 많은 친구들이 시내로 놀러 간다거나 피시방, 노래방에 가서 스트레스를 해소한다. 하지만 이런 여가 활용은 스트레스를 해소하기보다 스트레스와 피로를 증가시킬 뿐이다. 게임을 안 하다가 한 번 하면 눈과 몸에 무리가 가고, 시내, 노래방에서 실컷 놀고 오면 피로가 쌓여 다음날 공부에 지장을 준다. 여가 활동이 오히려 공부에 필요한 에너지를 소진시킬 지경이다. 이렇게 공부할 에너지가 소진되면 공부가 제대로 되지 않아 스트레스를 받기도 한다. 이러한 점을 알게 되자 나는 휴식 시간이 주어지더라도 되도록 집에서 휴식을 취하거나 친구와 이야기를 하며 시간을 보냈다. 이러한 여가 활용은 기력을 보충할 수 있는 활동이었으므로, 다시 공부할 수 있는 에너지를 얻을 수 있었다.

고득점을 위한 불문율 3, '고3 3월'의 나의 자세를 끝까지 유지하자

고등학교 3학년 3월, 교실의 모습은 여태 봐왔던 교실과는 많이 다르다. 교실은 긴장감으로 가득 차 있다. 한 명의 친구도 빠짐없이 공부하며 야자 출석률은 거의 100%에 가깝고 심지어 쉬는 시간에도 많은 친구가 공부를 한다. 모든 시간이 1, 2학년 때 중간, 기말고사 기간보다 조용하며 졸거나 노는 친구들도 매우 적어진다. 2년간 시험 기간에도 공부하는 모습을 보이지 않던 친구조차 쉬는 시간에 공부하는 모습을 보여 정말 깜짝 놀랐다.

아쉽게도 3월의 이 모습은 오래가지 못했다. 대부분 다시 해이해지고 결국 공부를 포기하는 아이들도 생겼다. 지방 일반계 고등학교에서는 대부분이 내신을 바탕으로 한 수시전형으로 대학을 가는데, 내신성적을 3

학년이 돼서 바꿀 수는 없다고 생각한 결과다. 지금 이 책을 읽고 있는 사람 중에도 이미 포기하려고 하는 사람들이 있을지 모른다. 그러나 고등학교 3학년 1학기의 내신은 정말 중요하다. 대부분의 학교가 고1, 고2, 고3 내신성적을 각각 30%, 30%, 40% 혹은 20%, 40%, 40%를 반영하는데 학기별로 따지게 된다면 3학년 1학기까지가 내신성적의 마감이므로 고1, 2의 한 학기는 15%이지만 3학년 1학기는 무려 40%나 포함된다. 따라서 1, 2학년 때 성적이 좋지 않더라도 3학년 1학기를 열심히 해서 잘 받는다면 충분히 수시전형으로 원하는 대학에 갈 가능성이 있다.

하루 이틀 열심히 공부했다고 해서 성적이 잘 나오기를 바란다면 지나친 욕심이다. 성적은 한 번에 오르지 않는다. 성적이 잘 오르지 않는 정체기도 존재하여 어떻게 해도 오르지 않는 때도 있다. 하지만 계속해서 끈기 있게 노력한다면 정체기는 지나가고, 가속도가 붙어 성적이 오르는 재미를 반드시 맛볼 수 있다. 그 맛을 보면 공부의 매력에 빠져들고 말 것이다.

06

공부에 대한 부담감, 나에게 약이 되게 하라

'저 친구는 분위기 메이커니까 우리 반 분위기를 잘 이끌어줄 거야.'라든가 '저 친구는 집중력이 좋은 친구니 함께 공부하면 좋을 것 같아.'처럼 사람들은 자신과 관계있는 사람들에게 긍정적이거나 부정적인 기대를 한다. 사람에 대한 다양한 기대는 겉으로 표출되기도 하고 생각에 머물러 당사자가 알지 못하는 경우도 있다. 하지만 어떠한 형태의 기대든지 사람들은 자신에 대한 기대에 부응하기 위해 의식적으로나 무의식적으로 행동한다. 이와 같은 현상을 '피그말리온 효과'라고 부르며, 다양한 분야에서 사람들의 행동을 예측할 때 중요한 이론으로 쓰이고 있다.

이와 같은 피그말리온 효과를 적용하고 확인해볼 수 있는 것이 누구나 가지고 있는 '이름'이다. 이름을 지을 때는 이름에 특별한 뜻이나 특별한 바람을 담아서 짓는다. 이름이 한 번 불릴 때마다 개인은 그 이름이 담고 있는 뜻으로 살아가도록 기대를 받고 있는 것이다. 그리고 사람들은 그 기대에 부응하도록 인생을 살아가게 된다.

장철수, 김영희 등 우리를 평생 따라다니는 이름 이외에도 우리는 살아가며 다양한 '이름'으로 불린다. 아들, 딸, 초등학생, 중학생 등 자연적으로 주어지는 이름이나 학생회장, 동아리회장 등 우리가 획득한 이름으로 불리게 된다. 자연적으로 주어지는 이름이거나 획득한 이름이거나 우리를 일컫는 이름은 우리에게 특정한 역할을 기대한다. 초등학생에게 기대하는 역할이나 수준이 중학생과 같을 수 없으며, 학생회장은 학생들의 의견을 수렴해서 학교를 학교답게 만들어 가야 할 의무가 있다.

마찬가지로 수험생이라는 이름도 적지 않은 기대를 내포하고 있다. 수험생이라고 불리는 순간, 이전까지 편하게 즐기던 드라마, 게임, 친구들과의 수다가 불편하게 느껴지게 된다. 함께 공부하는 친구들의 눈이 신경쓰이고, 선생님들과 부모님들의 눈 때문에 휴식은 더 이상 마냥 편한 것이 아니다. 하지만 '휴식이 불편하게 느껴지는 부담감'은 오히려 다시 의자에 앉을 수 있는 힘으로 변화시킬 수 있다. 부담감은 새총에 있는 고무줄이고 고무줄의 탄성을 이용하여 날아가는 돌은 여러분의 목표와 같다. 새총의 고무줄을 부족하게 당기면 돌은 멀리 날아가지 못하고 떨어진다. 반대로 지나치게 당기면 고무줄은 중간에서 끊어져 돌은 새총이 있는 그 자리에 떨어지게 될 것이다. 고무줄을 적당한 만큼 당겨야만 원하는 곳에 정확하게 돌을 날릴 수 있다.

지금까지의 발자취를 확인하는 것을 통해 부담감을 조절하라

적절한 부담감을 넘어서서 스스로를 괴롭히는 부담감은 '나는 이뤄 놓은 것이 없다'라는 생각이 강할 때 생긴다. 특히 시험이 가까워 올수록 많은 학생들이 평소보다 더 많은 시간을 공부하려 한다. 지나친 부담감 때문에 잠을 쉽게 이루지 못하는 증상까지 겪는 학생도 있다. 하지만 공부에 있어서 가장 중요한 것은 자신의 페이스 조절이다. 나는 지나친 부담감 때문에 시험 직전에는 공부를 더 하기 위해 잠을 줄일 요량으로 평소에 자던 시간보다 늦은 시간에 잠을 자곤 했다. 그러나 오랜 시간 동안 적절한 수면으로 균형이 맞추어져 있는 몸에는 무리였다. 지나친 부담감으로 잠을 줄여가며 준비했던 시험은 오히려 좋지 않은 결과가 나왔다.

"시험이 가까워 올수록 무리하는 사람들은 스스로 자신이 없는 사람들이니 무리하지 말거라." 시험이 다가올수록 무리하는 우리들을 보면서 선생님이 해주신 말씀이다. 이런 조언을 들은 후 나는 다시는 지나친 부담감으로 스스로를 괴롭히지 않았다. 실제로 착실히 준비해오던 사람이 지나친 부담감을 못 이기고 마지막 순간에 준비해오던 것을 망치는 경우가 있다. 지나친 부담감으로 모든 것을 망치기 전에, 부담감을 가지지 않도록 매순간에 모든 것을 다 쏟을 만큼 최선을 다하는 것이 최선이다. 그렇게 최선을 다한 것을 기록해두자. 일기가 되었든 다 푼 문제집이 되었든 상관없다. 설령 자신의 기록이 시원치 않더라도 그 순간이 여러분의 최선이다. 과거를 바꿀 수는 없다. 기록을 통해 확인해본 결과 자신의 기록이 착실하다면, 자신은 잘 할 수 있을 것이라고, 스스로를 믿으면 된다. 그렇지 못하다면 남은 기간을 무리하지 않을 만큼 적절하게 준비할 수 있는 양으로 나누어 후회가 남지 않도록 해나가면 되는 것이다.

원하는 것을 포기해야만 할지도 모른다는 두려움을 이용하라

간혹 어떤 학생은 긴장감을 전혀 가지지 못한다. 이루고 싶은 목표가 제대로 설정되지 못했거나 이루고 싶은 목표는 있지만 애초에 포기한 경우다. 목표를 제대로 설정하지 못한 경우는 목표를 다시 세워야 한다. 이럴 때는 자신의 먼 미래의 목표부터 가까운 미래로의 목표를 생각해보는 것을 추천한다. 목표가 확고한 학생에게도 다시 한 번 자신의 목표를 확인하기 위해 좋은 방법이다. 즉, 70대에는 어떠한 모습을 살고 싶은지, 그러기 위해서는 60대에 어떠한 모습이어야 할지부터 시작해서 현재는 어떠한 목표를 가져야 하는지를 적어보는 것이다. 70대에 원하는 목표를 이루기 위해서 수험생 시절에 이루어야 할 목표 중에 하나는 공부다. 그 공부를 수험생 시절에 이루지 못한 목표로 남겨둔다면 20대, 30대에라도 꼭 달성해야 하는 목표가 된다. 그때 학업에 집중할 수 있는 정도와 달성할 수 있는 정도는 10대 때보다 확연히 줄어든다. 여러분의 꿈이 이루어질 것인지, 헛된 기대로 남아 있을지, 보다 빠른 시기에 이룰 수 있을지, 점점 늦어지고 있을지는 지금 이 순간에도 달라지고 있다.

또 자신이 이루고자 하는 것들을 친한 친구, 가족, 선생님께 당당하게, 반복적으로 이야기하며 다니자. 가까이에서 여러분의 목표를 알고 있는 사람들은 여러분이 적절한 긴장감을 가질 수 있도록 큰 도움을 줄 수 있다.

07

어제의 나 vs 오늘의 나, 떳떳한 승부를 펼쳐라

　대한민국의 학생이라면 적어도 한번쯤 '엄친아' 혹은 '엄친딸'의 존재에 스트레스를 받은 경험이 있을 것이다. '엄마 친구 아들'의 줄임말로, 어머니가 항상 나와 비교하는 완벽한 대상이다. 어머니의 말을 들어보면 착하고, 공부도 잘하고, 운동도 잘하는 완벽한 존재처럼 들린다. 이 말은 2005년 한 웹툰에서 처음 만들어졌고 지금까지도 쓰이고 있다. 당시 '엄친아'를 그린 만화는 인터넷상에서 많은 공감을 받으며 순식간에 유행어가 되었다. 그만큼 많은 딸, 아들들이 '엄친딸'과 '엄친아'에게 비교당하며 스트레스를 받아왔기 때문이 아니었을까. 물론 부모님들은 자극을 주어 내 자식들이 더 잘했으면 하는 마음에서 하는 말씀일 테지만, 안타깝게도 부모님의 생각과는 달리 '엄친아'와의 비교는 길게 봤을 때 전혀 도움이 되지 않는다.

　공부할 때 남들과의 비교는 말 그대로 독이다. 물론 일시적인 자극이 될 수는 있다. '나도 그렇게 하겠어.'라는 다짐을 하게 할 수도 있지만, 그 다짐은 곧 엄청난 스트레스가 된다. 다른 사람과 비교하는 일은 나를 평가하는 기준을 타인에 두는 것이기 때문이다. 경사가 급하고 험한 길을 걷고 있다고 생각해보자. 저기 멀리 누군가 열심히 올라가고 있고, 그 사람이 나를 평가하는 기준이다. 힘겹게 오르고 또 올라도, 그 사람을 기준으로 두면 나는 여전히 뒤에 있을 뿐이다. 숨이 턱 막힐 만큼 힘들게 올라왔지만 여전히 나는 뒤에 있다. 뿐만 아니다. 내가 아무리 빠르게 올라도 그 사람 역시 빠른 속도로 움직인다면 둘 사이의 격차는 줄어들지 않는다. 더 늘어날지도 모른다. 줄어든 것처럼 보일 때도 언제 다시 벌어질지 모른다는 스트레스에 시달려야 한다.

하지만 남이 아닌 나 자신을 비교 대상으로 삼으면 어떨까? 과거의 나를 기준으로 삼는 것이다. 힘들게 길을 오르다 잠시 서서, 어제 내가 있던 자리를 돌아본다. 그리고 앞에 있는 타인을 보는 것이 아니라 내가 정한 목표 지점을 본다. '내가 앞으로 이만큼 가야 하는구나.'라고 생각한다. 내가 노력해서 오르고 또 오른다면 목표점과 나의 거리는 줄어들 수밖에 없다. 움직이는 타인이 아니라 그 자리에 있는 목표점이기 때문이다. 타인이 아닌 과거의 나와 비교하면, 내 변화를 쉽게 파악할 수 있고 내가 목표점에 점점 더 가까워지고 있음에 집중할 수 있다.

나 자신의 변화에 집중할 수 있다

'과거의 나'와 '현재의 나'를 비교하는 일의 첫 번째 장점은, 나 자신의 변화에 집중할 수 있다는 것이다. 공부의 핵심은 작은 변화들이다. 한순간에 큰 변화가 일어나는 일은 거의 없다. 엄청난 변화처럼 보이는 일도 결국 작은 변화들이 모여 만들어내는 것이다. 따라서 우리는 우리 안에 있는 작은 변화들에 집중해야 한다. 내가 과거에 비해 어떻게 변화했는지, 그 변화의 이유는 무엇인지를 파악해야만 또 다른 변화를 만들어낼 수 있다. '공부를 즐기는 3가지 방법'에서 이야기했던 것처럼, 발전했다면 발전한 이유가 무엇인지, 퇴보했다면 퇴보한 이유가 무엇인지를 파악하여 다음 변화를 이끌어내기 위해 대비해야 한다.

흔들리지 않는 목표점을 가질 수 있다

타인이 아닌 나 자신과 비교하는 일의 두 번째 장점은, 흔들리지 않는 목표점을 설정할 수 있다는 점이다. 공부할 때 목표 설정은 매우 중요하다. 그게 큰 목표든 작은 목표든, 공부할 때 어디로 나아가야 할지 방향을 잡아주기 때문에 길을 잃고 방황하지 않도록 해주기 때문이다. 또한 그 목표에 가까워짐을 느끼며 한 걸음씩 더 나아갈 수 있다. 타인과 나를 비교하며 '나도 그렇게 될 거야.'라고 생각하는 것은 그 사람을 목표점으로 삼는 것이다. 이렇게 타인을 목표점으로 삼는 것은 매우 위험하다. 불안정하기 때문이다. 불안정한 목표는 확고한 방향을 잡아줄 수 없다. 또한 내가 앞으로 나아가는 동안 그 사람도 나름의 노력으로 움직이기 때문에, 내가 노력한다고 해서 꼭 목표와 가까워지는 것도 아니다. 노력해도 목표에 다다를 수 없을지도 모른다는 불안감과 열심히 해도 안 된다는 좌절감을 유발한다. 따라서 과거의 나와 현재의 나를 비교한 것을 바탕으로 미래의 내가 이룰 수 있는 목표를 현실적이고 구체적으로 설정해야 한다.

이때 '과거의 나'와 '현재의 나' 사이의 시간은 다양하게 설정할 수 있다. 일 년일 수도, 한 달일 수도, 일주일일 수도 있다. 가장 좋은 것은 어제의 나와 오늘의 나를 비교하는 것이다. 나는 매일 밤 누워서 습관적으로 생각했다. 나는 어제보다 더 나은 하루를 보냈는가? 어제와 비교하여 나는 어떤 하루를 보냈는지를 돌아보면 뿌듯하게 잠드는 날도 있었고 반성과 함께 더 알찬 내일을 다짐하며 잠든 날도 있었다. 하루하루 어제보다 더 나은 오늘을 보내기 위해 노력하는 것이, 공부의 핵심이라고 말했던 바로 그 '작은 변화'이다. 작은 변화가 모여, 어느새 나 자신도 놀랄 만큼 큰 변화로 나타날 것이다.

08

슬럼프 탈출하기, 이유를 알면 어렵지 않다

책은 펼쳤지만 두 문장만 넘어가면 더 이상 내용이 머리에 들어오지 않는다. 책상 앞에 앉아는 있지만 마음은 집에 가고 싶다는 생각으로 가득하다. 이래서는 안 된다며 인터넷 명언들이나 원하는 대학의 합격 수기를 찾아보며 마음을 다잡고 도전해보지만, 또 다시 실패하기를 반복한다. 그렇게 시간은 흘러가고 마음은 초조해지는데 공부는 여전히 손에 잡히지 않는다. 우리는 이런 시기를 '슬럼프'라고 한다.

슬럼프가 찾아왔을 때 우리는 어떻게 대처해야 할까? 가장 먼저 해야 하는 것은 바로 '멈추기'이다. 쌓여 있는 책 때문에, 열심히 공부하는 옆 친구들 때문에 우리는 슬럼프가 와도 멈추지 못한다. 하지만 도저히 공부가 되지 않는 상태에서 하는 공부는 안 하느니만 못하다. 그 상황에서 우리 뇌에 들어오는 것은 스트레스밖에 없기 때문이다. 우선 조급한 마음을 버리고 잠시 공부를 멈추자. 멈출 줄 알아야 다시 나아갈 수 있다.

학생들이 슬럼프에 빠졌을 때 힘들어하는 이유는, 슬럼프에 빠지게 된 이유가 무엇인지를 모르기 때문이다. 이유를 알아야 극복하고 빠져나올 수 있는데, 슬럼프는 대부분 뚜렷한 이유 없이 나를 옭아맨다고 느껴진다. 하지만 이유 없이 찾아오는 슬럼프는 없다. 무언가 내 안에서 나를 갉아먹고 있는 것이 있기에 슬럼프에 빠지게 되는 것이다. 그 이유를 찾을 수 있는 사람은 결국 자신을 가장 잘 아는 나이지만, 여러분이 조금이라도 더 빠르게 찾을 수 있도록 도와주기 위해 몇 가지 이유를 제시해보려고 한다. 그 이유는 크게 2가지 유형으로 나눌 수 있다.

첫 번째 이유: 나도 모르게 낮아진 자존감

자존감이란 나 자신을 존중하고 사랑하는 마음이다. 자존감을 지키는 것은 공부를 하는 데 매우 중요하다. '열심히 하면 목표를 이룰 수 있다'는 마음가짐, 실패를 경험하더라도 '괜찮아 나는 다시 일어날 수 있어.'라고 생각할 수 있는 힘이 바로 자존감이다. 공부하다 보면 우리의 자존감이 위협받는 일을 많이 겪게 된다. 열심히 하는 나보다 항상 노는 것 같은 친구가 점수를 더 잘 받았을 때, 분명 풀었던 문제인데 자꾸만 반복해서 틀릴 때, 이번엔 칼을 갈았다 생각하고 치른 시험에서 또 다시 나쁜 점수를 받았을 때, '나는 할 수 있다'는 믿음이 크게 휘청거린다. 이러한 경험이 반복되면 그 믿음은 '내가 할 수 있을까?'라는 의문으로, 결국엔 '나는 할 수 없어.'라는 무기력으로 바뀌게 된다. 그 무기력함이 우리를 슬럼프에 빠지게 하는 것이다.

우리가 비교나 실패의 경험으로 자존감이 떨어지는 것은 그 이유를 나의 '머리'에 두기 때문이다. '내가 이렇게 멍청했나? 나는 저 아이보다 머리가 나쁘구나.'라고 생각하는 것이다. 하지만 이것은 사실이 아니다. 정말 뛰어난 능력을 가진 소수의 학생이 아닌 이상 우리의 머리가 가진 잠재력은 크게 다르지 않다. 머리의 문제가 아니라 보통은 '노력'이나 '학습 전략'의 문제다. 실패가 머리의 문제라면 우리가 바꿀 수 있는 것이 거의 없지만 노력이나 학습 전략은 충분히 바꿀 수 있다. 즉 해도 안 되는 것이 아니라, 충분히 할 수 있는데 단지 '방법'이 좋지 못했을 뿐이라는 말이다.

따라서 떨어진 자존감을 회복하기 위해서는 내가 통제할 수 있는 영역을 기준으로 나를 돌아보아야 한다. '머리'나 '능력'에 기준을 두고 나를 돌아보는 일은 나의 자존감을 갉아먹을 뿐 아무런 변화도 일으키지 않는다. 내가 정말로 충분한 노력을 했는지, 공부할 시간이 없다고 말하지만 사실상 많은 시간을 낭비하진 않았는지, 내 학습 전략의 문제점은 무엇인지 등을 하나하나 따져보아야 한다. 이 부분에 대해서만큼은 공부를 잘 하는 친구들과 비교해보는 것도 좋다. 나를 갉아먹지 않는 생산적인 비교이기 때문이다. 나 스스로 냉철하게 돌아보고, 친구들과 객관적으로 비교해보면 내가 어떤 점에서 잘못하고 있는지, 왜 실패했는지를 알 수 있다. 그 분석을 바탕으로 우리는 앞으로 어떤 부분에 더 노력해야 하는지, 어떤 공부 방법을 시도해볼 것인지를 계획할 수 있다. 나를 돌아보고, 분석해보고, 그것을 바탕으로 계획을 세우는 과정을 거치고 나면 어느새 공부하고 싶은 마음이 돌아오고 있는 자신을 발견할 수 있을 것이다.

두 번째 이유: 나를 너무 몰아붙여버렸다

우리의 뇌는 일정 기간 안에 담아낼 수 있는 양에 한계가 있다. 그 한계는 사람마다 다른데, 보통 그 한계에 다다르면 머리는 더 이상 담아내지 못하고 뱉어내버린다. 이때 우리의 뇌는 더 이상은 받아들일 수 없다고 온몸으로 항의를 한다. 잘 해오던 공부가 갑자기 손에 잡히지 않고, 책 한 장만 읽어도 머리가 지끈지끈 아프다. 이때 우리가 해야 할 일은 명확하다. 뇌를 쉬게 해줘야 한다.

우리는 공부하는 기계가 아니다. 기계가 아니기에 항상 똑같이 많은 양의 정보를 처리해낼 수가 없다. 하다못해 기계도 너무 많은 일을 처리하면 과부하에 걸려 열이 나고 고장이 나는데 인간인 우리는 어떻겠는가. 잘 쉬는 것도 하나의 전략이다. 내 머리에 과부하가 걸린 것 같다면 하루쯤 모든 것을 던지고 푹 쉬어야 한다.

내 친한 친구는 고등학교 시절 굉장히 착한 모범생이었다. 공부도 곧잘 하고 성실했던 그녀는 밥 먹는 시간을 제외하고는 거의 공부에만 매진했었다. 쉬는 시간까지 쪼개가며 열심히 공부했고, 그러지 못하면 불안한 마음이 드는 상태였다. 이런 그녀에게 슬럼프가 왔다. 공부하는 내용이 도무지 머릿속에 들어오지 않았던 것이다. 그녀는 자신에게 슬럼프가 찾아왔음을 알았지만 완전히 멈출 수가 없었다. 이때 그녀가 슬럼프를 벗어났던 방법은 굉장히 인상적이었다. 아버지와 함께 2박 3일 여행을 떠났다. 친구는 불안한 마음에 책이라도 가져가려 했지만 아버지는 아무것도 가져가지 못하게 했다. 여행하는 동안 아버지는 친구가 먹고 싶을 때 먹고, 자고 싶을 때 자게 해주었다고 한다. 하루라도 공부에서 벗어나 자신이 하고 싶은 대로 살지 못했던 친구에게 그 여행은 너무나 소중한 경험이었다고 한다. 그렇게 공부로부터 완전히 벗어나 푹 쉬었던 그녀는 뜨거워졌던 뇌를 식힐 수 있었고, 그 이후로 공부가 더 잘 되었다고 한다.

잘 쉬는 것도 실력이다. 끊임없이 운동을 하면 너무 숨이 차서 더 할 수 없는 것처럼 뇌도 마찬가지다. 과부하가 걸릴 만큼 열심히 노력했다면 하루쯤은 나 자신에게 공부에서 완전히 벗어나 '내가 하고 싶은 대로' 할 수 있는 시간을 주어야 한다. 그 시간은 곧 다시 일어날 수 있는 힘이 되어줄 것이다.

학원 vs 인터넷 강의 vs 과외, 바로 알고 선택하자

어렸을 때부터 사교육을 받는 학생들이 많다. 완전 아기일 때는 어린이집이나 유치원을 다니고, 초등학생 때는 학습지를 하거나 공부방 등을 다닌다. 중학생, 고등학생 때는 본격적으로 학원도 다니고 과외도 하며, 인터넷 강의 등 다양한 사교육을 접하게 된다. 나도 어렸을 때부터 공부를 시작한지라 수많은 학원도 다녀보고 과외도 해보고 인터넷 강의도 들어봤으며 주위에서 친구들이 경험하는 것도 보았다. 하지만 아무리 유명한 학원, 과외 선생님, 인터넷 강의라고 해도 다 좋은 것은 아니었다. 각자에게 잘 맞는 사교육이 따로 있다. 각 특징을 통해 자신에게 맞는 형태의 사교육을 적절히 활용하자.

모든 사람은 다 다르다. 공부 잘하는 친구가 다니는 학원에 따라 다닌다고 해서 나도 공부를 잘할 수 있는 것도 아니고 돈 아끼겠다고 혼자 인터넷 강의를 듣다가 오히려 돈과 시간을 낭비할 수도 있다. 그러므로 사교육을 받겠다면 자신에게 맞는 사교육을 잘 선택해서 보다 효율적으로 성적 향상에 도움이 되었으면 한다.

적극적으로 선생님을 활용할 수 있다면, 학원

　　학원의 장점은 첫째로 비용이 과외보다 저렴하다. 둘째로 주위에 비교할 만한 대상이 있다. 과외나 인터넷 강의는 주로 혼자 하므로 내가 어느 정도 공부하고 있고, 어느 정도 실력인지 가늠하기가 힘들다. 하지만 학원에서는 항상 옆에 실력이 비슷한 친구들이 있고 친구들이 공부를 열심히 하면 나만 뒤처질 수 없어서 더 열심히 하게 되는 효과가 있다. 셋째로 정보를 많이 얻을 수 있다. 학원 사이에 커뮤니티도 형성되어 있고 선생님들도 입시에 경험이 많다 보니 정보나 아는 것이 많다. 그래서 학원선생님들로부터 다양하고 많은 문제들을 책을 사지 않아도 제공받을 수 있고, 다양한 입시 정보도 얻을 수 있다. 또 성적이 비슷한 주위 친구들과 서로 입시에 관련된 정보와 조언을 주고받을 수도 있어서 좋다.

　　반대로 학원의 단점도 있다. 첫째로 적게는 네 명부터 많게는 스무 명까지도 같은 수업을 듣기 때문에 과외보다는 선생님의 관심이 적을 수밖에 없다. 스스로 공부 의지가 없고 적극적인 자세가 부족하다면 큰 효과를 기대하기가 힘들다. 둘째로는 다 같이 수업을 듣기 때문에 내가 모르는 문제나 내용이 있어도 그 수업시간에 선생님께 질문을 많이 하기가 좀 민망하다. 나 때문에 수업이 중단되면 다른 학생들이 피해를 보게 되는 상황이 되기 때문이다. 모르는 내용이 있을 때는 질문을 통해 바로 해결하는 것이 가장 좋으므로 학원의 단체 수강 형식은 단점으로 작용한다. 셋째로는 이동시간이 소요된다. 과외나 인터넷 강의는 집에서 해서 이동시간이 필요 없지만, 학원에 가려면 걷거나 버스를 타야 한다. 아무리 학원이 가깝다고 하더라도 준비시간까지 포함해서 왕복 한 시간 정도는 필요하다. 짧다고 생각할 수도 있지만 이것이 계속 쌓이면 엄청난 시간 낭비다.

　　이와 같은 장점과 단점을 고려해보면 학원은 적당히 성적도 되면서, 스스로 공부하고자 하는 의지가 있고, 사람들이 많아도 민망해하지 않고 질문할 수 있는, 아니면 끝나고서라도 선생님을 쫓아가 질문할 수 있는 적극적인 학생에게 적합하다.

세심한 관심이 필요한 학생이라면, 과외

　과외의 가장 큰 장점은 무엇보다도 선생님을 독차지할 수 있다는 것이다. 과외는 대부분 혼자나 둘이 하므로 선생님은 나에게 맞는 맞춤 수업을 해준다. 학원에서는 질문하기 어려운 상황이 많지만 과외라면 편하게 물어볼 수 있고, 옆에 선생님이 앉아서 내가 푸는 모습을 지켜보기 때문에 잘못된 점을 바로바로 짚어준다. 둘째로는 대부분 학생 집에서 이루어지다 보니 더욱 편한 환경에서 공부할 수 있다는 점이다. 선생님이 찾아오니 이동시간이 필요 없고, 우리 집이니 마음도 편한 상태에서 수업을 들을 수 있어서 좋다. 셋째로는 학생이 공부를 열심히 하지 않으면 선생님이 열심히 하도록 격려해준다. 선생님의 관심이 나에게만 쏠려 있기 때문에 내가 숙제를 얼마나 열심히 했는지, 수업은 열심히 듣는지, 요즘 공부는 잘하는지 등을 계속 관찰하여 그 상황마다 학생이 제대로 공부할 수 있도록 지도해주는 것이 가능하다.

　반대로 과외의 단점은 첫째로 비용이 상대적으로 크다는 것이다. 둘째로는 위기의식과 긴장감을 느끼지 못할 수 있다. 공부할 때 다른 학생들은 얼마나 열심히 하고, 얼마나 잘하는지를 보면서 더 열심히 하겠다고 깨닫는 것이 매우 중요한데 혼자 수업을 하다 보니 비교할 대상이 없다. 그렇다 보니 자기 자신에 만족하여 조금씩 뒤처질 수 있다.

　결론적으로 과외는 공부 실력이 아직 많이 부족하거나 소심해서 학원 수업이 잘 맞지 않고, 혼자서 열심히 공부하는 게 힘들어 누군가 계속 공부하도록 이야기해줘야만 하는 학생에게 적합하다.

인터넷 강의의 첫 번째 장점은 당연히 가격이 저렴하다는 것이다. 학원 한 달 다닐 가격에 한 개의 인터넷 강의를 8개월 정도 수강하거나 두세 개의 강의를 3개월 정도 수강할 수 있다. 둘째로는 수업 내용이 훌륭하다는 것이다. 인터넷 강의의 선생님들은 수천, 수만 명의 수강생을 거느리고 있는데, 이는 수업 내용이 훌륭하다는 것을 반증하는 것이다. 셋째로 내가 듣고 싶은 것만 골라 들을 수 있다. 학원에는 커리큘럼이 있으므로 내가 부족한 부분만을 따로 더 듣기가 힘들고 수업이 이해되지 않거나 그 부분을 놓치면 다시 수강하기가 힘들다. 하지만 인터넷 강의는 저렴하므로 내가 부족한 과목의 단원에 대해서만 따로 수강할 수도 있으며 기간 동안 계속 반복할 수 있어서 이해가 되지 않으면 계속 반복해서 볼 수 있다.

반대로 인터넷 강의의 단점은 공부하고자 하는 의지가 강력하지 않으면 효과를 보기 힘들다는 점이다. 대부분 인터넷 강의는 혼자 컴퓨터 앞에 앉아서 보거나 독서실, 학교에서는 태블릿 PC로 본다. 졸리기도 하고 며칠까지 얼마큼 진도를 나가야 하는지에 대해 누가 감시하지 않는 환경이기 때문에, 스스로 하고자 하는 의지가 없다면 큰 효과를 기대할 수 없다. 둘째로는 궁금한 것이 생겼을 때 질문하기가 힘들다. 물론 요즘에는 질문 게시판이 잘 운영되고 있지만 글로 풀어서 내가 궁금한 것을 물어보기도 힘들고 답변도 상대적으로 늦고 아무래도 직접 설명을 듣는 것보다는 이해하기 힘들 수 있다.

위와 같은 내용을 고려해보면 인터넷 강의는 혼자 공부할 의지가 충분히 있어서 자신이 계획을 짜서 그것에 맞게 공부할 수 있는 학생에게 적합하다.

수시 70%
정시 30% 시대의
공부법을 부탁해

Part3

나를 강하게 만드는
6가지 전략:
친구, 질문, 선생님,
비난, 재수생, 가정환경

[1단계 전략]
친구: 강력한 시너지 효과를 만들어라

학교뿐만 아니라 독서실 혹은 도서관 등의 장소에서도 함께 공부하는 친구를 만드는 것이 좋다. 반복해서 강조해왔지만 공부라는 것은 짧은 시간 동안 몰아쳐서 끝낼 수 없는 장거리 경주다. 단거리 경주라면 단숨에 혼자 달려가는 게 더 효과적이지만, 그 거리가 길어질수록 누군가 함께 달려가는 것이 정말 큰 힘이 된다. 이때 두 사람이 서로에게 확연히 드러나는 도움을 주는 것은 아니더라도 괜찮다. 그냥 누군가가 함께 뛰고 있다는 사실 자체만으로도 생각보다 더 큰 원동력 되기 때문이다. 공부도 마찬가지다. 하루 이틀해서 끝날 일이라면 혼자 독방에 갇혀 아무런 교류 없이 공부만 하는 게 더 효과적일 수 있겠지만, 공부는 짧아도 몇 달, 길게는 몇 년에 걸쳐 해야만 하는 일이다. 따라서 공부도 함께 달려줄 친구가 필요하다. 주변에 아무도 없이 혼자 달리다 보면 지켜보는 눈이 없다는 생각에 페이스를 유지하기가 힘들다. 서로에게 공부 내용 자체에 큰 도움을 주는 관계가 아니더라도, 그냥 함께 '공부'라는 레이스를 뛰고 있다는 인식 자체만으로도 충분하다. 공부 메이트들은 다양한 분야에서 서로 도움을 주고받을 수 있기 때문이다.

메이트와 함께 공부하는 방법: ① 시간 관리

시간 관리는 함께 공부하는 장소에 올 시간을 정하는 것부터 시작된다. 꼭 둘이 같은 시간에 와야 할 필요는 없고, 각자의 공부 패턴에 맞춰 나올 시간을 정하고 미리 알려준다. 서로 합의하에 약속을 지키지 않았을 때의 벌칙을 정해 놓아도 괜찮지만, 꼭 그럴 필요는 없다. 내가 계획한 시간을 누군가가 알고 있고, 내가 그 약속을 못 지킨다면 그것을 그 사람이 알게 된다는 사실 자체가 이미 어느 정도 동기를 부여해주기 때문이다.

다음은 휴식 시간 관리다. 공부를 시작하기 전에 언제 얼마나 쉴지를 약속한다. 그리고 정해 놓았던 휴식 시간이 되면 일정 시간 동안 쉬고, 다시 다음 휴식 시간을 정한 뒤 공부를 시작한다. 또 공부하다가 너무 졸음이 쏟아져 쪽잠을 자야 할 것 같을 때, 몇 분 동안 잘지를 메이트에게 미리 알려주고 잔다. 혹시 못 일어나면 깨워달라고 부탁하여 정해진 시간만 잠을 청할 수 있도록 한다. 아무에게도 깨워달라고 하지 않고 잠들어 버리면 한 시간이 훌쩍 넘도록 잠에 빠지게 되기 때문에, 휴식 시간을 관리하는 것은 시간 관리에 매우 중요한 부분이다.

메이트와 함께 공부하는 방법: ② 계획 관리

두 번째는 바로 공부 계획 관리다. 이것은 말 그대로 공부를 계획한 대로 실천하고 있는지, 계획은 적절하게 세우고 있는지를 서로 확인해주는 것이다. 공부 메이트들은 하루 혹은 일주일 동안 해야 할 일을 체크리스트로 작성하여 실천 여부를 공유한다. 확인 방법이나 주기는 메이트들끼리 합의하에 정하면 된다. 하루를 주기로 하는 것을 예로 들면, 공부를 시작할 때 서로 전날의 계획표와 각 계획의 실천 여부를 확인한다. 서로에게 계획을 확인받는 과정을 거치고 나면, 계획한 것을 지키기 위해 전보다 더 노력하게 된다.

사실 이렇게 공부 메이트가 확인해준다고 해서 모든 계획들을 다 지킬 수 있으면 좋겠지만, 그게 말처럼 쉬운 일은 아니다. 따라서 일주일에 한 번은 공부 메이트들이 모여 일정 시간 동안 일주일간 지키지 못했던 계획들의 목록을 만들고, 함께 목록에서 하나씩 지워가는 시간을 가지는 것이 좋다. 이 과정을 통해 공부 메이트들은 계획했던 항목들을 실천하는 것에서 한 발 더 나아가 좀 더 합리적인 실현 계획을 세울 수 있도록 서로 도울 수 있다.

메이트와 함께 공부하는 방법: ③ 모의고사 대비

이외에도 공부 메이트들이 부가적으로 할 수 있는 것은 모의고사 문제 풀기다. 혼자서 하기 힘든 일 중 하나가 바로 모의고사를 실전처럼 풀어보는 것이다. 문제 자체를 푸는 것도 중요하지만, 시험 볼 때의 시간적인 압박감이나 긴장감을 이겨내는 것이 더 중요하다. 따라서 모의고사에서는 그 압박감이나 긴장감을 완화할 수 있도록 훈련해야만 한다. 하지만 혼자 문제를 풀면 적절한 긴장감을 유지하기가 힘들고 집중도가 떨어진다. 이때 공부 메이트들은 서로에게 큰 도움이 될 수 있다. 실전처럼 조용한 장소에서 함께 앉아 시계를 사이에 두고 문제를 푼다. 메이트가 단 한 명일지라도 함께 앉아 집중해서 풀기 때문에 쉽사리 시간을 멈추고 화장실에 가는 등의 다른 행동을 할 가능성이 현저히 줄어들어 집중도가 향상되고 적절한 긴장감도 유지할 수 있다. 채점한 뒤 서로 문제에 대한 질문이나 의견을 나눌 수 있는데, 문제를 풀고 얼마 지나지 않은 상태에서 문제 풀이과정을 서로 상세하게 알려줄 수 있기 때문에 더욱 효과적이다.

지속 가능한 실천을 위해 규칙은 간단하게

공부 메이트들에게 중요한 것은, 서로 지켜야 할 규칙을 최대한 간단하고 현실적으로 만드는 것이다. 규칙이 복잡하고 지키기 어려우면 얼마 지나지 않아 흐지부지되기 쉽고, 규칙을 지키는 것 자체에 피로감을 느끼게 된다. 함께 규칙을 지켜야 하는 메이트가 없으면 아예 규칙을 지키지 않게 될 수도 있다. 규칙을 정하되 혼자일 때도 지킬 수 있도록 만들어야 한다. 예를 들어 자신이 정해 놓은 시간까지 오지 않으면 벌금을 내도록 한다든가, 쉬기로 한 시간 전까지는 의자에서 두 번 이상 일어나서는 안 된다 같은 세부적인 규칙은 정하지 않는 것이 더 좋다. 오히려 이런 세부적이고 복잡한 규칙은 예외가 생길 시 불필요한 잡담을 유발하여 서로의 집중력을 흐릴 수 있으니, 규칙은 가장 기본적이고 지속 가능하게 만들고, 그 외에는 서로 너무 간섭하거나 신경 쓰지 않고 자신의 일에만 집중하는 것이 좋다.

사실 무엇보다도 공부 메이트의 가장 큰 장점은 누군가가 나와 함께 달리고 있다는 심리적 안정감이다. 공부는 육체적·정신적으로 많은 노력을 필요로 하는 일이다. 너무 피곤해서 아침마다 침대에서 몸을 일으킬 힘조차 나지 않을 때도 있고, 오르지 않는 점수에 다 포기해버리고 싶을 때도 있을 것이다. 이럴 때 함께 공부한 친구는 가장 잘 공감해줄 수 있는 사람이기 때문에, 서로에게 큰 위안이 된다. 또한 함께 보낸 시간이 많은 만큼 메이트를 통해 생활습관이나 계획 관리 면에서 내가 놓치고 있던 것을 알 수 있다. 이때 중요한 것은 진심을 담아 서로에게 도움이 될 만한 조언을 해주고, 또 그런 메이트의 조언을 성숙하게 받아들이는 것이다. 이렇게 한다면 서로에게 긍정적인 시너지가 되어 함께 행복한 결과를 맞을 수 있다.

[2단계 전략]
질문: 질문의 힘을 믿어라

혹시 선생님이 되고 싶은 사람이 있을까? 선생님이 되기 위한 과정은 매우 험난하다. 사범대가 있는 대학교도, 교직 이수가 가능한 곳도 많지 않기 때문이다. 거기다 정교사가 되기 위한 시험인 임용고시는 고난도 시험 중 하나다. 이러한 과정을 모두 겪은 분들이 바로 여러분 앞에 계신 선생님들이다. 선생님이 되는 게 왜 이렇게 힘이 들까? 남을 가르치기 위해서는 훨씬 더 넓고 깊게 알아야 하기 때문이다. 반대로 생각해보면 뭔가를 공부할 때 남을 가르칠 수 있을 정도로 해야 제대로 된 공부를 한 것이라고 말할 수 있을 것이다.

친구도 좋은 선생님이 될 수 있다

사실 공부할 때 가장 힘든 점은 자신의 머리로는 이해되지 않는 내용이나 문제가 나왔을 때다. 정말 자기 자신이 밉고 짜증날 것이다. 그럴 때 지쳐 쓰러지고 싶지 않다면 누군가에게 질문해서 도움을 받는 것이 좋다. 가장 믿음직스러운 대상은 당연히 선생님이다. 하지만 안타깝게도 선생님은 항상 우리 곁에 계시지 않는다. 학교 업무로 바쁘기도 하고, 학교가 아니라 독서실에서 공부한다면 선생님을 찾아갈 수가 없다. 이런 상황에서 차선책은 바로 옆에 있는 친구에게 질문하는 것이다. 물론 자신보다 조금이라도 뛰어난 친구에게 물어봐야 한다. 친구를 활용한다면 멀리 가지 않고 바로 내 궁금증을 해소할 수 있다.

친구에게 물어보는 것이 선생님께 물어보는 것보다 좋은 점이 몇 가지 있다. 첫째로 시간이 절약된다. 교무실로 문제지를 들고 가야 하고 선생님이 통화나 업무 중이시라면 잠시 기다려야 하는데 바로 옆에 앉아 있는 친구에게 물어보면 이런 시간을 절약할 수 있다. 두 번째로 동병상련이다. 친구도 같이 공부하는 중이기 때문에 그 문제를 전에 접해봤을 것이다. 그렇다면 내가 무엇을 모르는지 자신도 겪어봤기 때문에 잘 알 수 있고 어떻게 해결해야 하는지도 비슷한 눈높이에서 알려줄 수 있다. 이러한 이유로 때로는 친구들에게 질문하는 것이 선생님들께 질문하는 것에 못지않게 좋을 때가 있다.

완벽하게 공부했다고 생각한다면, 오늘은 내가 선생님

반대로 내가 친구들의 질문을 받아주는 선생님이 되어 보도록 하자. 종종 친구의 질문을 받아주는 것이 귀찮고 시간이 아까울 수 있다. 하지만 친구의 질문을 받아주는 것은 확실히 내게도 큰 도움이 된다. 첫째로 이미 알고 있는 내용에 대해 확인할 수 있다. 앞서 말했다시피 남에게 무엇을 가르쳐주려면 어느 정도만 알아서는 안 되고 그것보다 훨씬 더 자세하게 알아야 제대로 가르쳐줄 수 있다. 그러므로 친구가 만약 나에게 무엇을 물어봤을 때 가르쳐줄 수 있다면 나는 그 내용에 대해 제대로 알고 있다는 말이 된다. 또한 내게는 공부 내용을 다시 한 번 점검할 기회다. 나 또한 친구들의 질문을 받아주면서 나에 대해 점검을 많이 할 수 있었다. 시험을 본 후 다음 시간 숙제가 자신이 틀린 문제를 풀어 오는 것인 과목들이 있는데, 특히 수학은 거의 빠지지 않는다. 그러면 애들이 스스로 고칠 수 있는 문제는 풀고, 모르는 문제는 내게 질문하러 오고는 했는데 보통 질문하는 문제들이 거의 다 비슷했다. 덕분에 나는 적게는 두세 번, 많게는 예닐곱 번까지 같은 문제를 풀고는 했었다. 계속 이런 일이 반복되다 보니 지쳐서 듣고 싶은 친구들은 점심시간에 밥을 빨리 먹고 교실에 모이라고 했다. 그리고 모르는 문제를 칠판에 써가며 가르쳐주었다. 제대로 가르쳐주기 위해 다시 한 번 문제들을 풀어보는 시간을 가지기도 했다. 정말 정성스럽게 누가 봐도 이해할 수 있게 풀어보는 과정을 거치자 문제의 기본 내용부터 문제 풀이까지 되돌아보며 기초를 다지는 기회를 얻을 수 있었다.

둘째로는 자신이 놓친 부분을 체크할 수 있다. 혼자 공부하다 보면 접해보고, 풀어볼 수 있는 문제에 한계가 있고, 안다고 생각하며 대충 넘어가는 내용이 많다. 이럴 때 친구의 질문을 받아주면 공부한 내용을 체크할 수 있고, 너무 쉽다고 생각하고 더 공부하지 않은 부족한 부분을 찾아 정리할 수도 있다.

하지만 질문하는 친구가 주위에 없을 수도 있고, 내가 아직 누군가의 질문을 해결해줄 수 있을 만큼 잘하지 못할 수도 있다. 중요한 것은 누군가의 질문을 해결해줄 수 있을 만큼 공부해야 한다는 점이다. 잘 모르는 상대에게 내용을 설명해줄 때는 정말 기초부터, 쉽게 설명해야 한다. 즉 누군가에게 설명해줄 수 있을 정도로 공부한다는 것은, 그 내용에 대해 기본 원리부터 심화까지 제대로 잘 알 때까지 공부한다는 말이다. 이런 마음가짐으로 공부한다면 어느 과목에서든 쉽게 고득점을 받을 수 있을 것이다.

[3단계 전략]
선생님: 가장 가까운 곳에서 도움의 손길을 구하라

선생님은 학생들에겐 먼 존재다. 꼭 엄격하고 무서운 선생님이 아니더라도 그렇다. 공부나 시험이 주는 부담감이, 공부를 가르쳐주고 시험문제를 내는 선생님에게까지 옮겨가기 때문이다.

하지만 선생님은 멀리 두기에는 너무나 소중한 존재다. 잘 생각해보자. 선생님들은 학생들과 하루의 대부분을 한 건물에서 보내기 때문에 언제든 찾아갈 수 있는 특별한 과외 선생님이다. 내가 공부할 때의 모습이나 수업 태도 등을 꾸준히 지켜보았기에 따끔한 충고를 해줄 수 있는 조언자이기도 하다. 또 다양한 학습자료를 가지고 있는 훌륭한 자료실이기도 하다. 너무 가까이 있어서 미처 생각하지 못했을 뿐이다. 공부와 시험에 압박감을 느낀다고 해서 가르쳐주시는 선생님들에게까지 압박감을 느낄 필요는 없다. 겉으로 보기에는 엄격하고 무서운 선생님들도 결국 우리 엄마, 아빠, 이모와 같은 사람들이다. 왠지 교무실은 혼나러 가는 곳이라는 생각이 들어 선뜻 발을 내딛기가 힘들겠지만, 딱 한 번만이라도 시도해보자. 처음이 어렵지, 나중에는 시도 때도 없이 선생님을 찾아가는 자신을 발견할 수 있을 것이다.

선생님을 200% 활용하여 내 공부 완성하기

내가 한창 수학 공부에 매진하던 때였다. 그때 한 문제지를 여러 번 풀었는데, 틀렸던 문제를 계속해서 틀리곤 했었다. 분명 오답 풀이도 했고 그 당시에는 이해했다고 넘어간 문제였는데, 이상하게도 같은 부분에서 계속 막히거나 실수를 하곤 했다. 그 문제를 완전히 내 것으로 만들지 못했던 것이다. 계속 문제를 풀어봐도 풀리지 않을 때는 답지의 해설을 참고했었는데, 해설지에는 아무래도 구체적인 설명 없이 식만 나열되어 있다 보니 풀이과정을 매끄럽게 이해하지 못해 실수를 반복했다. 해설지에 나온 식을 모두 이해했지만, 식과 식 사이의 흐름을 완전히 읽어내지 못한 것이 그 이유다. 따라서 나는, 내가 놓치고 있던 식과 식 사이를 매끄럽게 이어줄 수 있는 사람이 필요했다. 그래서 시도했던 방법이 '선생님께 찾아가기'였다. 이 방법은 정말 단순하고 쉽지만 왠지 개인적으로 찾아가는 게 부끄럽기도 하고, 교무실의 적막한 분위기가 민망해서 실행하기는 쉽지 않았다. 하지만 용기를 내자 생각보다 더 효과적이었다.

우선 해설지처럼 딱딱한 식들의 나열이 아니라 선생님의 설명과 함께 들으니 훨씬 이해가 빨랐다. 선생님이 문제 푸는 방식을 보면서, 내가 어떤 부분에서 어떤 것을 놓쳤는지가 눈에 보였다. 또 당연히 많은 문제를 다뤄본 선생님들은 보다 쉽고 빠른 방법으로 문제를 푼다. 덕분에 답으로 가는 쉽고 빠른 접근법과 풀이법을 배울 수 있었다.

이것은 수학에만 해당하는 얘기가 아니다. 이 방법이 수학에 도움이 되고 난 후 나는 거의 모든 과목 선생님들께 아무리 고민해봐도 이해되지 않는 것들을 물어보는 습관을 가지게 되었다. 특히 국어의 경우는 답으로 가는 과정을 해설지에 담기가 매우 어렵다. 답지의 한 줄 해석으로는 쉽게 납득이 가지 않는 경우가 많기 때문이다. '지문에 A라고 나왔기 때문에'처럼 짧은 해설이 전부다. 더구나 소설 부분은 긴 글 중 극히 일부분만을 보고 문제를 풀도록 요구한다. 문제를 푸는 것에 필요한 단서들은 대부분 나와 있지만, 작품에 대한 배경지식이 있어야 완전히 납득이 가는 문제가 많다. 하지만 해설지에는 작품 자체에 대한 자세한 설명이 없다. 있다 하더라도 작가 이름이나 주제가 전부인데, 이때도 선생님이 큰 도움이 된다. 지문에 A라고 나온 이유가 무엇인지, A를 통해서 그 〈보기〉가 옳다는 것을 어떤 논리적 과정을 통해 알 수 있는지를 자세히 설명해줄 것이다. 또 선생님의 해박한 배경지식으로 지문과 문제를 더 넓고 깊게 이해할 수 있도록 도와준다.

그뿐만이 아니다. 선생님께 찾아가 개인적으로 질문하는 학생들이 별로 없기 때문에, 한 번이라도 질문을 하고 나면 관심을 가져주신다. 선생님들은 하루에 적어도 8시간을 한 건물에서 함께 보내기 때문에, 관심을 가지고 지켜본다면 내 공부 태도나 생활습관을 누구보다 더 잘 파악할수 있다. 관심 어린 충고는 큰 도움이 되었고, 내가 놓치고 있는 부분을 콕 집어 지적해줄 때가 많았다. 이외에도 학습자료나 참고서를 주시기도 하고, 나 스스로도 선생님이 나를 신경 써준다는 것을 알기 때문에 수업 태도도 자연스럽게 좋아지게 되었다. 그렇게 선순환이 시작되는 것이다.

[4단계 전략]
비난: 어떤 비난도 내 꿈을 방해하지 못하게 하라

"당신은 정신력이 뛰어난 사람입니다." 이 말은 한국 축구의 전설이 된 박지성 선수가 자신의 인생 전환점을 만들어준 것으로 기억하는 말이다. 아무도 알아주지 않던 시절에 대표팀에 발탁되고 실력을 점차 보이던 중에 부상 때문에 경기를 뛸 수 없어 무력감에 빠진 박지성 선수에게 히딩크 감독이 했던 말이다. 아무도 자신을 알아주지 않을 것이라고 생각했던 박지성 선수는 거스 히딩크 감독의 칭찬 한 마디에 자신감을 얻고 한국 축구의 전설이 될 수 있는 힘을 얻었다.

우리는 하루에도 셀 수 없이 많은 말을 하고, 많은 말을 듣고 있다. 하지만 우리는 그 많은 말들을 기억하려 하지도, 기억하려고 할 수도 없다. 모든 말을 기억하겠다고 하는 사람은 무모한 사람이다. 그런데 박지성 선수가 히딩크 감독의 말을 기억했던 것처럼 우리도 모르게 기억하고 있는 말들이 꽤 있다. 분명히 여러분의 심금을 울렸던 말일 것이다. 자신을 일으켜 세워주는 칭찬, 잊지 못할 순간과 함께했던 감동의 말, 예상치 못한 이야기로 인해 충격을 받았던 이야기 등 우리들의 감정을 요동치게 만들었던 말들은 기억 속에 남는다. 그리고 기억 속에 남은 말들은 이후 우리의 삶에 크고 작은 변화들을 만들어 나간다.

그런데 우리를 행복하게 해주고, 일으켜 세워주는 말뿐만 아니라 우리를 한없이 움츠러들게 하는 말들도 기억에서 쉽사리 지울 수 없다. 자존심을 짓밟아버린 말, 일방적인 비아냥 등 부정적인 말들은 가슴 속에 깊은 상처로 남는다. 때로는 긍정의 말보다 부정의 말들이 더 큰 영향력을 발휘한다. 그래서 우리를 아무 것도 할 수 없는, 무기력 상태로 빠지게 만들어버린다. 간혹 어떤 말은 '트라우마'로 남아 인생 전반에 영향을 끼치기도 한다.

공부하다 보면 부정적인 말들을 듣게 되는 경우가 있다. 긍정적인 말을 반복해서 들어도 언젠가 한계에 부딪히고, 넘어지고, 상처받는 과정이 공부다. 그런데 그 과정에서 부정적인 말을 듣게 되면 공부는 더 괴로운 일이 된다. 심지어는 다시 일어나 달릴 수 있는 마지막 희망마저 저버리게 할 수 있다. 이런 상태에서는 절대로 끝까지 공부할 수 없다.

'지금 공부해서 뭐 하겠느냐, 이제는 글렀다, 뭐 하러 그렇게 열심히 하느냐, 머리가 안 좋아서 안 된다'는 말들은 내가 들었던 부정적인 말들 중 기억에 남는 것들이다. 대부분 열심히 노력하려고 하는 사람의 결심을 짓밟는 말이다. 듣는 사람을 생각하지 않고 너무 쉽게 말하기 때문에 듣는 사람은 더욱 상처를 받는다. 이런 말을 듣게 되면 처음엔 화가 난다. 하지만 반복해서 듣게 되면 자신도 모르게 그 말에 동조하게 된다. 동조하게 되면 무기력에 빠짐과 동시에 자신이 본래 이루고자 했던 목표마저 부정하게 되는 상황에 이른다. 따라서 우리는 부정적인 말에 잘 대처해야 한다. 물론 그냥 그 말을 무시하는 것이 간단한 답이다. 하지만 자신감이 점점 떨어져 가는 사람에게 부정적인 말들은 무의식적으로 떠오르기 때문에 무시하는 것도 쉽지 않다.

앞으로 전진할 수 있다면, 근거 없는 자신감이라도 좋다

언젠가부터 '근거 없는 자신감'이라는 말을 많이 쓴다. 줄여서 '근자감'이라고 부르기도 한다. 이 말은 다양한 상황에서 활용 가능하지만 대부분 '허무맹랑한 목표를 세우고 제대로 된 계획을 세우지 않는 사람'을 비웃으며 쓰는 말이다. 물론 제대로 된 계획을 세우지 않고 노력하지 않는 사람에게 '근자감'이라는 단어가 어울릴 수 있다. 그런데 이 말은 가끔 스스로는 착실하게 목표를 향해 가고 있지만 '허무맹랑해 보이는 목표'를 세운 사람을 비꼬는 말로 쓰이기도 한다. 후자의 사람에게 '근자감'이라는 단어를 쓰는 것은 바람직하지 않다. 혹시라도 가끔은 '근자감'이라는 단어로 표현되는 자신을 인정하고 있었다면, 앞으로 다시는 그래서는 안 된다. 허무맹랑해 보인다는 목표를 이유로 칭하는 '근자감'이라는 말도 스스로를 움츠러들게 할 수 있기 때문에 부정의 말과 다르지 않다.

중요한 것은 허무맹랑해 '보이는' 목표는 있을 수 있어도 허무맹랑한 목표는 없다는 것이다. 소도시의 일반 인문계 고등학교에서 공부했던 내가 서울대학교를 목표로 했다는 사실은 다른 사람들에게 허무맹랑해 보이는 목표였다. 국립대학교에만 가도 충분히 노력했다고 인정하는 분위기였기 때문이다. 서울대를 준비한다고 하면 겉으로는 응원하면서도, 주변으로부터 끊임없는 시비와 질투가 난무한다. 사실 나에게도 서울대 입학은 허무맹랑해 보이는 목표였다. 전국에서 내로라하는 학생들이 모이는 곳에 낄 자리가 있을까 싶은 걱정이 나를 짓누르기도 했다. 그럼에도 불구하고 나는 남들이 보기에는 한없이 근거 없는 자신감으로 무장했다. 허무맹랑해 보이는 목표를 성취하기 위해 착실한 계획을 세우며 묵묵히 걸어갔고, 실제로 그 목표를 성취했다. 목표를 달성할 수 있던 것은 '근거 없는 자신감' 덕분이었다.

사람들이 비아냥거리며 말하는 '근거 없는 자신감'이라는 말 속에는 '너는 절대로 그 목표를 달성할 수 없다'는 암묵적인 메시지가 있다. 여러분의 자신감과 희망을 짓밟아버리는 주변의 사람들에게는 한없이 덧없어 보이는 '근거 없는 자신감'으로 무장하길 바란다. 그리고 허무맹랑한 목표가 아니었다는 것을 반드시 보여주길 바란다.

[5단계 전략]
재수생: 고3 최대의 적, 재수생을 만만히 보지 마라

재수생이나 N수생(3수 이상)들이 어떤 방식으로 얼마나 공부하고 있는 지에 대해 알고 있는 학생은 많지 않다. 자신의 공부와 주변에서 공부하는 라이벌들 때문에 고민하느라 재수생에게 신경 쓸 겨를이 없다. 게다가 실제로 재수하거나 어디서 듣지 않는 이상 재수생들의 생활을 아는 것은 불가능하다. 다만 재수생의 위력을 어렴풋이 짐작할 뿐이다. 재수생들이 모의고사에 응시하는 6월 또는 9월 모의수학능력시험평가에서 자신이 평소에 받는 성적보다 낮은 성적을 받을 것이라는 사실만 잘 알고 있을 것이다. 하지만 재수생이 무서운 이유는 단지 여러분의 성적을 한 등급 낮추기 때문이 아니다. 여러분보다 모의평가에서는 낮은 성적을 받은 학생일지라도 N수생들은 예상보다 더 수능에서 일취월장할 수 있다. 여러분이 원하는 대학과 학과에 불합격시킬 정도의 위력을 갖고 있는 학생들이 재수생이다. 재수생의 무시할 수 없는 존재감을 바탕으로 자신을 더욱 강하게 몰아붙일 수 있는 방법을 알아보자.

재수생의 절대적인 공부량을 따라갈 수 없다, 긴장하라

재수생들의 절대적인 공부량은 어느 고3보다 많다. 공부량 자체가 절대적으로 고득점을 보장하는 것은 아니지만 절대적인 공부량으로 탄탄한 기본은 다질 수 있기 때문에 공부량을 확보하는 것은 수험생에게 매우 중요하다. 아무리 이해력과 사고력을 중심으로 평가하는 시험이 수학능력시험일지라도 암기력을 바탕으로 하지 않는 과목은 없기 때문이다. 이 암기력은 절대적인 공부량과 비례하여 커지기 때문에, 모든 재수생들은 이미 기본을 탄탄히 갖추고 있다고 생각하면 된다. 대학을 다니다가 다시 수능에 응시하기로 마음먹고 7월이나 8월부터 다시 수능을 공부하는 학생들도 충분히 고득점을 받을 수 있는 이유이기도 하다.

따라서 고3 학생들은 효율적으로 시간을 활용해야만 재수생과 비슷하게 공부 시간을 확보할 수 있다. 이미 절대적인 공부량이 많은 재수생들은 같은 1년이라도 고3 학생들보다 활용할 수 있는 시간이 훨씬 많다. 단적인 예로 5월의 상황을 들 수 있다. 5월은 고3 학생들이 공부리듬을 가장 많이 망치는 달이다. 학교에서는 가정의 달을 맞아 많은 행사들이 있으며, 학교 축제나 운동회를 계획하기도 한다. 학교 안에서 뿐만 아니라 학교 밖에서도 다양한 행사가 진행되기 때문에 마음이 흔들리기 쉽다. 재수생에게도 5월은 힘든 달이긴 하지만, 자신의 시간을 보다 자율적으로 통제할 수 있기 때문에 고3보다는 그 영향이 적다. 특히 기숙학원에서 지내는 재수생들은 영향을 거의 받지 않는다. 이외에도 고3 학생들은 반강제적으로 들어야 하는 학교 보충 시간에 재수생들은 자율적으로 공부하는 시간을 가질 수 있어 모자란 공부를 효과적으로 보충할 수 있다.

　특히 기숙학원에서 공부하는 재수생들의 공부량은 상상을 초월한다. 어느 기숙학원에 다닌 친구의 말에 의하면 밤 11시 30분에 잠들어 5시 30분에 일어난다고 한다. 자기 전과 일어난 후에는 인원 수 확인을 하기 때문에 늦잠을 잘 수도 없다. 본격적인 학원 수업은 9시에 시작하지만 5시 30분에 일어나 밥을 먹고 준비를 하면 6시 20분부터 공부를 시작할 수 있다. 아침에만 약 3시간의 자습 시간을 확보할 수 있는 것이다. 수업이 시작된 이후에는 학교에서와 마찬가지로 수업과 쉬는 시간이 있지만, 모두 절박함을 갖고 있는 재수생들이기 때문에 쉬는 시간에도 크게 시끄러워지지도 않고 수업을 복습하거나 자투리 시간을 활용한다. 식사 시간에도 예외는 없다. 영어 단어장을 가지고 가지 않으면 식당에 입장할 수 없다. 볼 마음이 없는 사람도 영어 단어장을 가지고 가면 밥을 먹으며 충분히 10개 정도는 반복해서 볼 수 있다. 식사 시간과 쉬는 시간을 빼고 순수하게 공부하는 시간이 하루에 평균 16시간이다. 고3 학생들이 순수하게 매일 16시간을 확보하기란 쉽지 않다.

　따라서 재수생들 때문에 자신이 목표하는 학교와 학과에서 떨어지고 싶지 않다면 효율적으로 시간을 활용해야 한다. 긴장을 늦추면 안 된다. 옆의 친구가 노는 시간에도 재수생들은 공부하고 있다. 월드컵, 올림픽에서 우리나라 선수들이 최선을 다하는 모습을 보기 위해 TV를 켤 때도 재수생들은 공부하고 있다. 모든 시간을 다 쏟아도 재수생보다 공부하는 시간이 적음에도 불구하고 공부할 수 있는 시간까지 빼서 여가 시간으로 활용한다면 재수생과의 경쟁에서 어떻게 될지는 눈에 뻔하다. 항상 재수생의 존재를 기억하고, 약해지는 자신을 강하게 단련해야 한다.

[6단계 전략]
가정환경: 집에 '빨간 딱지'가 붙어도 흔들리지 마라

중학교 때까지 우리 집은 흔히 말하는 잘 사는 집이었다. 당시 아버지는 P2P 사이트부터 베트남의 포털 사이트, 헬스클럽까지 운영하는, 다방면으로 사업을 하는 사업가셨다. 헬스 열풍이 불던 때라 헬스클럽도 잘됐고 다른 사업들도 다 잘됐다. 그러다 보니 어렸을 때부터 돈에 별 걱정이 없었고 푼돈이긴 하지만 용돈을 더 받아 종종 친구들에게 먹을 것을 사주는 등 또래보다 씀씀이가 컸다.

빨간 딱지의 습격

고등학생이 되면서 경기가 나빠지기 시작하자 사람들은 지출을 줄이기 위해 헬스클럽을 그만두었다. 2~3년 활개를 치던 헬스클럽 열풍이 가시기 시작했고, 아버지의 헬스클럽도 예외는 아니었다. 아버지는 헬스클럽을 유지하기 위해 다른 사업에서 버는 돈도 모두 헬스클럽에 집어넣었지만 뜻대로 되지 않았고, 운영 중이던 모든 사업이 힘들어졌다. 결국 헬스장 문을 닫게 되었고 당연히 아버지는 기간이 남은 회원들에게 환불을 약속했지만 믿지 못하는 몇몇은 집까지 찾아오기도 했다. 우리 가족은 한동안 벌벌 떨면서 지내야 했다.

그러던 어느 날 집에 와 냉장고 문을 열다가 냉장고에 붙어 있는 한 우편물을 보게 되었는데 제3 금융권, 흔히 말하는 사채업 중 한 곳으로부터 온 것이었다. 나는 두려웠다. 몹시 두려웠지만 부모님께 말하면 더 힘들어하실까봐 아무런 말없이 넘어갔다. 나중에 들어보니 파산신청을 하면 모든 빚과 재산이 사라진다고 해서 신청하고 싶었지만 파산신청에도 돈이 필요해 제3 금융권을 이용했던 것이다. 결국 파산하게 되면서 가지고 있던 집과 할아버지가 물려준 땅까지 은행에 압류되었다. 사실 여기까지는 큰 문제가 아니었다. 당시 아버지는 20여 년 동안 함께 일해 온 동료 명의로 회사를 다시 세우고 재기 중이었기 때문이다.

돈 앞에서 장사 없다, 힘들었던 시기

고3 어느 날 어머니께서 "영어, 혼자 공부할 수 있지?"라고 말씀하시면서 아버지 동료였던 그 사람이 회사가 자기 명의라며 몇 달간의 월급도 주지 않고 아버지를 내쫓았다는 이야기를 해주셨다. 나는 순간 당황했지만 스스로 잘 해낼 수 있다고 말씀드리고 학원들을 정리했다. 어떤 사람이 자기 집이 파산하고 아버지가 눈 뜬 채로 자기 회사에서 쫓겨났는데 평온을 유지할 수 있을까? 나 역시 부모님 앞에선 크게 내색하지 못했지만 한동안 잡생각이 너무 많이 들어 공부에 집중할 수 없었고, 밤에 자러

들어가서도 모든 일이 잘 풀리기를 하늘에 빌며 울며 잠든 적도 많았다.

그래도 다시 한 번 일어나다

시간이 좀 지나자 이대로 아무것도 안 하면 안 된다는 생각이 들었다. 그리고 '과연 이 상황에서 가족들을 위해 내가 할 수 있는 일은 무엇일까?'라고 생각했다. 결론은 공부를 열심히 하는 것이 부모님께 고3 신분으로서 할 수 있는 가장 좋은 일이라는 생각이 들었다. 또 더는 어린 모습으로 부모님께 투정부리지 않고, 내가 할 수 있는 일은 바쁘신 부모님을 귀찮게 하지 않고 스스로 하기로 다짐했다. 그 후 가족에게 힘이 되겠다는 그리고 내가 집안을 일으켜 세워야 한다는 생각 덕분에 잡생각 없이 학업에 더욱 매진할 수 있었고, 그 결과 서울대학교에 입학할 수 있었다.

반드시 역경이 있어야 공부를 열심히 하고 좋은 학교에 입학하고 인생에서 성공할 수 있다는 말이 아니다. 역경이 닥쳤을 때 어떻게 극복하는지에 따라 결과가 바뀐다는 말을 하고 싶다. 가정의 경제적 문제, 가족 간의 문제, 친구 간의 문제 등 살아가다 보면 사소한 것부터 큰 것까지 자신의 의지와 상관없이 피곤하게 만드는 사건들이 생긴다. 물론 힘들어서 잠시 쉬어 갈 수는 있다. 하지만 오랫동안 축 처져 있어 봤자 해결되는 것은 없다. 그런 상황에서 '어떻게 하면 이 상황을 극복할 수 있을까', ' 어떻게 하면 부모님께 힘이 될 수 있을까', ' 내가 무엇을 하는 것이 가장 옳은가?'라고 생각하며 부모님이나 주위 선배, 친구에게 조언을 구해 자신의 해결책을 스스로 만들어 일어나야 한다. 그렇게 해서 일어날 수만 있다면 잠시 힘들긴 했지만 스스로 결정하는 능력이 생긴다. 그리고 내가 무엇을 잘하는지 등을 알게 되어 스스로 성장하는 계기가 될 것이고, 이는 분명히 여러분의 인생에서 큰 장점이 될 것이다.

야자 선생님도 추천하는 책·영화·음악

사람에게는 '자기통제 에너지'가 있다고 한다. '자기통제 에너지'란 해야 하는 일 때문에 자신이 하고 싶은 것들을 억제하고 해야 하는 일에 집중하기 위해 쓰는 에너지다. 예를 들어 에버랜드에 놀러가고 싶은 마음을 꾹 누르고 공부하기로 했다면 자기통제 에너지를 쓴 것이다. 그런데 이 '자기통제 에너지'는 한계가 있다. 쓰다 보면 언젠간 다 소모되어 자신을 통제할 수 없는 상황이 온다. 작심삼일도 자기통제 에너지에 한계가 있음을 보여주는 사자성어다. 다이어트를 하겠다는 의지로 3일간 먹고 싶은 음식들을 먹지 않는 참을성을 발휘했지만, 자기통제 에너지가 모두 소모된 4일째에는 실패로 돌아가고 만다. 먹고 싶은 욕구를 참는 일 하나만으로도 자기통제 에너지는 금방 소모된다. 하물며 자고 싶은 욕구, 놀고 싶은 욕구 등까지 모두 참아야 하는 수험 생활은 어떨까? 따라서 적절히 자기통제 에너지를 충전시켜줘야 하는데, 무작정 놀고, 먹고, 자면서 충전하기엔 역시 시간이 아깝다. 그래서 자기통제 에너지를 충전하면서도 시간이 아깝지 않을 만큼의 깨달음을 줌으로써 수험 생활을 더욱 풍부하게 만들어줄 책·영화·음악을 소개하고자 한다.

애매한 자투리 시간을 풍부하게 채워주는 책

1 『꿈꾸는 다락방』(이지성, 국일미디어)
　'내가 진짜 할 수 있을까?'라는 생각이 들 때 읽으면 좋다. 믿을 수 없는 꿈들을 이뤄낸 국내외 사람들의 실화가 소개되어 있다. 그들의 이야기를 듣다 보면, 자신이 가지고 있는 꿈도 이룰 수 있겠다는 생각과 열정이 생긴다. 몇 년간 베스트셀러 자리에 있는 책이라 이미 읽은 친구들도 있겠지만, 이 책은 옆에 두고 시간이 날 때마다 반복해서 읽어도 손색없는 내용을 담고 있다. '정말 할 수 있을까?'라는 질문에 '왜 하지 못하겠느냐'는 명쾌한 메시지를 주는 이 책을 읽다 보면, 자신이 바라는 미래를 상상하며 들떠 있는 자신을 발견하게 된다.

2 『사랑하라 한 번도 상처받지 않은 것처럼』(류시화, 오래된 미래)
　이 책에는 고대 이집트 파피루스 서기관부터 노벨문학상 수상자에 이르기까지, 시대를 넘나드는 여러 시인들의 시가 수록되어 있다. 이 수많은 시들은 인류가 기록해온 삶을 살아가는 지혜를 엿볼 수 있게 해준다. 우리의 삶은 옛 사람들의 삶의 반복의 변형일 뿐이다. 삶의 모습은 바뀌어 가지만 우리가 인생의 고비에서 겪었던 어려움을 그들도 겪었고 해결해갔고 깨달았다. 수험생 시절 동안 계속되는, 꿈을 이루기 위한 노력과 시련, 좌절 역시 누구나 마주하는 인생의 고비다. 옛 사람들의 기록으로부터 이 고비를 어떻게 지혜롭게 넘어갈 수 있을지 힌트를 얻길 바란다.

3 『데미안』(헤르만 헤세, 민음사)
　수험생 시절은 곧 어른이 되기 전 시간이다. 하지만 대학 입학을 위해 시험 속에 갇힌 수험생들은 자신이 누구인지 제대로 고민해보지 못하고 서투른 어른이 되는 경우가 많다. 주인공 싱클레어가 참다운 어른이 되는 과정을 통해 자신의 모습을 싱클레어와 비교해보고, 자신은 참다운 어른이 되어 가는 길 위를 잘 걸어가고 있는지 살펴볼 필요가 있다. 눈앞에 있는 대입이 다른 어느 것보다도 급하고 중요할 테지만, 조금만 더 멀리 본다면 공부를 잘하는 성인보다 참다운 성인이 되는 것이 아주 중요하다는 점을 잊지 말았으면 한다.

가끔 한 번씩은 푹 빠져도 좋은 영화

1 〈빌리 엘리엇〉, 누구도 소년의 꿈을 막을 수 없다

주변의 편견과 비웃음, 넉넉하지 못한 가정, 형편없는 실력이 있는 상황에서 발레가 좋다는 이유만으로 발레리노가 되고자 하는 소년의 이야기를 담은 영화다. 자신이 하고 싶은 열정만 가지고 산다는 게 영화처럼 쉬운 일은 아니다. 영화 속의 주인공처럼 하고 싶은 일에 당장 모든 것을 쏟으라는 말이 아니라, 주인공이 열망하는 것처럼 열망하는 일이 있는지 한 번쯤 공부를 쉬면서 생각해볼 일이다. 있다면 어떻게 이루어나갈 수 있을지, 없다면 어떤 종류의 일이라면 열정을 가질 수 있을지 생각해보는 것만 해도 20대의 인생을 누구보다 알차게 보낼 수 있다.

2 〈어바웃 타임〉, 시간은 여행이다

시간은 하염없이 흐른다. 우리 마음대로 다시 되돌릴 수도, 앞으로 당길 수도 없다. 지나가는 시간을 잡아보고 싶지만 아쉬움과 후회만 따를 뿐 다시 잡을 수도 없을 뿐더러 아쉬움과 후회, 두려움 때문에 시간을 허비하고 있을 때도 있다. 아쉬운 시간이 하염없이 흘러가는 모양이 반복된다면 이 영화를 통해 다시 한 번 시간에 대해 생각해볼 수 있는 기회를 가질 수 있다. 수험생 시절을 고통, 두려움, 아쉬움, 후회로 채워갈 것인지, 다시는 오지 않을 행복한 순간들로 채워갈 것인지는 자신이 시간을 어떻게 인식하고 있느냐에 따라 달라진다.

3 〈트루먼쇼〉, 나는 내가 살고 싶은 대로 살고 있는가?

스스로 자신이 나아가고 싶은 대로 살고 있다고 생각하는 사람이 대다수일 것이다. 선택의 순간에서 스스로 선택하고, 선택의 책임을 지기도 하는 자신이 당연히 인생의 주인공이다. 그러나 내가 마주하게 된 선택의 순간이 누군가에 의해 만들어진 것이고, 내가 그렇게 선택할 수밖에 없었던 이유들이 다른 사람에 의해서 제공된 것이라면 내 인생의 주인공은 나일까? 보다 주체적인 인생을 살아가기 위해 꼭 한 번은 이 영화를 보고 깊은 고민에 빠져볼 만하다. 그리고 여러분도 누군가 미리 만들어 놓은 세상으로부터 탈출해보기를 바란다.

몸도, 마음도, 영혼도 어루만져주는 음악

1 〈요즘 너 말야〉, 제이레빗

발랄한 멜로디에 진심 어린 가사가 걱정과 고민으로 쉴 틈이 없는 머릿속을 정화시켜 주는 듯한 기분을 느끼게 해주는 노래다. 수험생 시절에는 왜 이렇게 스트레스받는 일도 많고 괜히 예민해지는지 모를 일이다. 하지만 힘든 날이 늘어날 때마다 역설적이게도 나를 웃게 해주고 행복해지는 일도 많아진다. 애니메이션 영화 〈인사이드 아웃〉에서 기쁨과 슬픔은 하나라는 메시지를 공감하게 되는 시기 중 하나인 듯하다. 좋은 노래, 좋은 이야기, 좋은 친구들을 주변에 두고 힘을 낼 수 있는 수험생 시절이 되길 바란다.

2 〈말하는 대로〉, 유재석 & 이적

수험생 시절 매일 아침 보는 거울 아래에 가고 싶은 대학의 로고를 붙여 놓았었다. 한 번씩 보면서 "오늘도 할 수 있다!"라고 외치고 하루를 시작하던 때가 눈앞에 선하다. 믿을 수 있는 거라곤 내가 바라는 미래가 펼쳐질 것이고, 나는 그 미래를 펼쳐가고 있는 중이라고 되뇌는 나 자신뿐이었다. 이렇게 우리가 마주하고 있는 현실 때문에 이 노래의 가사만 들어도 짠해지곤 하는 것일까? 생각대로 되지 않고, 생각만큼 되지 않는 일이 많아지는 수험생 시절이겠지만 그럴수록 더 단단해지길 바란다. 단단하게 자신이 가고자 하는 길을 다져나가길 바란다.

3 〈나는 나비〉, 윤도현밴드

공부에 지쳐 친구들과 노래방에서 스트레스를 풀기 위해 이 노래를 틀어놓고 마이크도 없이 떼창을 하며 방방 뛰던 날들이 기억난다. 단지 노래의 멜로디와 리듬이 좋아서 신나게 불렀을 것이라고 생각하기엔 나와 친구들은 정말 한마음으로 이 노래를 크게 불렀었다. 그때는 미처 알지 못했지만, 가사가 주는 힘이 노래를 부름으로써 우리의 마음을 달래주는 것은 아니었을까. 그 시절 나와 친구들은 언제 번데기가 되고 날아갈 수 있을지 알지 못했겠지만, 모두 각자 멋진 나비가 되어 즐거운 대학생활을 즐기고 있다. 이 책을 보는 여러분도 멋진 나비가 되어 날아오르길 바란다.

수시 70%
정시 30% 시대의

공부법을
부탁해

Part4

수시 전형 70% 시대, 내신으로 승부하라

수업시간이 곧 시험 범위이다

내신 공부의 제1 원칙은 무조건 '수업 열심히 듣기'다. 수업시간에 집중하지 않으면서 내신 고득점을 바라는 일만큼 허무맹랑한 일은 없다. 내신시험 자체가 철저히 선생님의 기준에 의해 출제되고 점수가 매겨지기 때문이다. 교과서에 아주 작게 다뤄졌다 하더라도 선생님이 중요하다고 생각하면 출제될 가능성이 아주 높아진다. 반대로 참고서에 중요하다고 강조된 내용이라도 선생님이 중요하지 않다고 생각하면 출제될 가능성이 현저히 낮아진다. 선생님이 어떤 것을 중요하게 생각하는지 알 수 있는 유일하고 확실한 경로가 바로 수업시간이다.

시험의 범위는 수업시간이다

선생님이 시험을 출제하는 장면을 상상해본 적이 있는가? 선생님들은 어떻게 시험문제를 만들까? 나의 형제자매 중 한 명이 현직 영어교사다.

주말에 고향에 내려갔다가 기말고사를 출제하는 모습을 옆에서 지켜본 적이 있다. 그녀가 시험문제를 만들기 위해 가장 먼저 한 일은 바로 '교과서 펼치기'였다. 그 교과서는 수업할 때 가르치기 위해 써넣은 메모들로 가득했다. 교과서의 핵심 문법이 들어 있는 문장은 형광펜으로 강조되어 있었고, 아이들이 어려워할 만한 구문들을 분석해놓았다. 더 자세한 설명이 필요한 부분은 포스트잇에 따로 정리해두었다. 선생님들이 시험문제를 출제하기 위해 가장 먼저 펼치는 것은 바로, 자신의 '수업 노트'인 것이다.

수업할 때 언급할 내용들로 가득한 이 수업 노트를 보면서 수업할 때의 기억을 되살린다. '아, 내가 이 부분을 강조해서 가르쳤었지.' '학생들이 이 부분을 어려워했었지.' 하면서 출제할 내용을 정했다. 내가 시험문제의 난도를 조절하기 위해 어떤 문제를 내냐고 묻자 '책에는 나오지 않았지만 자신이 가르쳐준 내용'에서 출제한다고 대답하였다. 그렇게 하면 수업을 잘 들은 학생들이 좋은 점수를 받을 수 있고, 변별력이 생긴다고 했다.

결국 시험 범위는 '교과서 1단원에서 3단원까지'가 아니라, '수업시간'이다. 책에 나와 있든 없든 수업시간에 다루어진 내용은 모두 시험에 출제될 수 있다는 것을 명심하자.

수업시간에 집중하라

수업을 들을 때는 선생님의 말에 집중해야 한다. 내 교과서 혹은 교재가 선생님의 수업 노트와 비슷해지도록 만들자. 선생님이 중요하다고 한

내용은 형광펜 등을 이용하여 눈에 띄게 표시해두고, 선생님들이 설명
해준 것을 꼼꼼히 필기해야 한다. 수업을 들을 때는 나중에도 생생하게
기억날 것 같지만 시간이 흐르면 쉽게 잊어버리기 때문이다. 또한 책에는
나오지 않았지만 선생님이 부가적으로 설명해준 것은 꼭 필기해두어야
한다. 시험이 끝난 뒤 "야 우리 이런 것 배운 적 없지 않아?"라며 화가 난
친구들에게 차분하게 설명해주는 자신을 발견할 수 있을 것이다.

내신 만점을 위한 네 글자: 지·피·지·기

'지피지기면 백전백승'이라는 말을 한 번쯤은 들어보았을 것이다. '적을 알고 나를 알면 백 번 싸워서 백 번 이긴다'는 뜻으로 군사 작전, 회사 경영, 국가 운영, 심지어는 개인의 인간관계 등 모든 상황에 적용되는 전법이다. 물론 시험공부에도 적용 가능하며 이는 곧 '출제자를 파악하고 나를 파악하면 고득점을 받을 수 있다'는 말이 된다.

지피 1: 모든 출제자의 성향 파악하기

시험공부를 할 때 출제자의 성향을 알아내면 훨씬 더 효율적으로 공부할 수 있다. 학교 내신시험 문제의 출제자는 바로 여러분 앞에 계신 해당 과목 담당 선생님들이다. 아무리 좋은 인터넷 강의를 듣고 비싼 족집게 과외나 학원에 다녀도 외부 선생님들이 학교 선생님의 마음속까지 알 수는 없다. 따라서 수업시간에 선생님이 무엇을 강조하는지를 파악하고 수업에 대한 필기를 해야 한다. 그러면 시험 기간에 헛된 부분에 시간을 많이 투자하지 않고 공부할 수 있다. 하지만 아무리 수업시간에 선생님 말씀을 모두 기억하고 필기해도 시험에서 나올 만한 것을 모두 예측할 수는 없다. 그 이유는 주요 과목 즉 국어, 영어, 수학 같은 경우 한 학년을 가르치는 선생님들이 3~4분 정도 계시기 때문이다. 시험문제를 출제할 때는 한 선생님이 자신이 들어간 반에 대한 문제만 내는 것이 아니라 모든 선생님이 한 시험지를 서로 분배해서 만든다. 때문에 우리 선생님이 가르친 것만 공부해서는 많은 문제를 예측할 수 없다. 그래서 나는 시험을 예측하기 위해 모든 출제 선생님들을 파악해야 한다고 생각했다. 다른 선생님이 들어가는 반의 친구와 필기를 서로 바꿔 보면서 그 선생님이 중요하다고 언급한 것들을 내 책에도 필기했고 그를 통해 최대한 모든 선생님이 각자 중요하다고 언급한 내용을 모두 공부했다. 또 학교 방과후 보충시간에는 수학이나 과학, 사회 등 문제를 풀어주는 수업을 신청해 들었다. 보충시간에는 시험 출제자인 선생님이 중요하다고 생각하는 문제를 풀기 때문에 시험 내용과 비슷하기 때문이다. 게다가 내가 듣지 못하는 선생님의 수업은 친구와 프린트를 서로 바꿔보며 모든 선생님이 중요하다고 한 것들을 공부하려 노력했다.

지피 2: 출제자가 문제 속에 숨겨둔 의도 파악하기

똑같은 답을 쓰더라도 풀이과정에 따라 점수가 다를 수 있다. 특히 서술형 문제의 점수가 그렇다. 최근에는 서술형 문제의 비율이 전체적으로 높아지는 추세기 때문에 출제자인 선생님이 어떤 답을 원하는지를 미리 파악해 놓아야 높은 점수를 얻을 수 있다. 고등학교 3학년 1학기 때 내가 생각했던 수학 점수와 성적이 다르게 나왔던 적이 있다. 분명 가채점을 했을 때 답이 다 맞았기에 채점에 오류가 있었으리라 생각하고, 선생님께 이의 신청을 했다. 나는 평상시에도 그 문제를 풀 때 한 과정을 머릿속으로만 생각하고 풀이에 적지 않았는데, 선생님은 이 단원에서 그 과정이 가장 중요한 과정이라며 채점 기준에 포함시켰던 것이다. 나뿐만 아니라 많은 학생이 그 과정을 생략하여 감점을 당했다. 국어나 영어의 경우에도 조심해야 한다. 국어나 영어는 무의식적으로 교과서 내용이 아닌 상식을 활용해 풀 수 있기 때문이다. 특히 국어는 문학작품을 해석하는 방법이 여러 가지라 각 학교마다 해석 방법이 다를 수 있다. 거듭 말하지만 내신시험의 정답은 뭐든지 선생님과 교과서가 기준이다. 따라서 자신의 상식이 맞더라도 교과서와 다르고, 선생님의 해석과 다르면 오답으로 처리될 수 있다. 그러므로 수업을 열심히 듣고 필기를 제대로 해 선생님이 어떤 답을 원하고 문제를 내셨는지 그 의도를 파악해야 한다.

지기: 자신에 대한 완전하게 파악하기

이렇게 상대를 아는 것도 중요하지만, 자신을 아는 것도 중요하다. 자기 자신의 장점은 무엇이고 단점은 무엇이며 어떻게 극복해야 할지를 알아야 한다. 장점을 아는 것이란 예를 들어 '나는 수학을 잘하니 내가 부족한 영어에 시간을 더 투자해야겠다.'라는 생각을 하는 것이다. 대부분 잘하지 못하는 과목들에 비해 문제도 잘 풀리고 성적도 잘 나오니 자신이 잘하는 과목만 공부하게 되는 실수를 범한다. 내신은 특정한 하나의 과목이 아니라, 전체적으로 좋은 등급이어야 입시에 유리하다. 그러므로 자신이 잘하는 과목이 있다면 오히려 그 과목에 투자하는 노력을 조금 줄이고 부족한 과목에 투자해야 한다. 내 경우 수학, 과학에는 조금 자신이 있었지만, 영어나 국어에서는 실수가 잦았다. 그래서 시험 기간에 수학, 과학은 적은 시간이라도 밀도 있게 공부하려 노력하고, 더 긴 시간을 영어와 국어에 투자했다. 그 결과 수학, 과학 점수 못지않게 점점 영어와 국어의 성적도 오르게 되었다.

자신의 단점도 알아야 한다. 공부하다 보면 비슷한 유형의 문제를 계속해서 틀리거나 한 부분의 개념이 부족하다는 것을 느끼게 된다. 지금이라도 여러분이 공부한 문제집들을 펼쳐서 틀린 문제들을 점검해보자. 어느 개념이 부족한지, 문제를 풀 때 첫 시작부터 틀리는지, 방법은 맞지만 계산에서 실수하는지, 단어가 부족한지, 해석은 하지만 주제를 못 찾는지 등 자신에 대한 자가진단을 내릴 필요가 있다. 병원에서 진단만 내려주고 끝나지 않듯이 공부도 자가진단을 내렸으면 그에 맞는 치료를 해야 한다. 고등학교 2학년 때 공부를 하는데 잘 이해되지 않고 계속 틀리는 부분이 있었다. 당시 나는 건방지게도 '설마 이렇게 어려운 문제가 나오겠어?'라고 생각하며 적극적으로 해결하지 않았는데, 실제로 그 문제가 시험에 나왔고 당연히 틀렸다. 그 후부턴 모르는 내용이 있으면 절대 건너뛰거나 안 나올 거라고 생각하지 않고 모든 가능성을 열어두고 공부했다. 이렇게 공부할 때 자신의 특징을 제대로 알아야 시험에 알맞게 대응할 수 있다.

내신 고득점의 비결, 많이 담고 오래 가는
'기억의 나무' 암기법

흔히 내신 공부는 "무조건 외우는 게 최고다."라고 말한다. 아주 틀린 말은 아니다. 내신 공부는 수능 공부와 비교했을 때 훨씬 더 많은 암기를 필요로 한다. 하지만 '무조건' 외워야 한다는 생각은 매우 위험하다. '무조건 외운다'는 말이 위험한 이유를 하나씩 짚어보자.

내신 범위에 포함되는 내용 전부를 외울 필요는 없다

'무조건 외운다'는 내신 범위에 포함된 모든 내용을 외우는 것을 의미한다. 하지만 이것은 정말 위험하다. 물론 별로 중요하지 않다고 여겨지는 부분을 외워야만 풀 수 있는 문제를 내는 선생님들도 간혹 있다. 그래서 시험 범위의 내용을 전부 외우는 것 자체가 나쁘다고 말할 수는 없지만 꽤 많은 학생들이 중요하지 않은 부분을 외우느라 중요한 부분을 놓치고 만다. 교과서 구석에 조그맣게 나온 것을 외우려다가 정작 그 장의 핵심은 놓쳐버리는 것이다. 그 작은 부분이 시험에 나와서 한 문제를 맞힐 수도 있겠지만, 그로 인해 그 장의 핵심을 놓쳤다면 한 문제를 틀리는 것에 그치지 않을 것이다. 그 핵심을 직접적으로 다룬 한 문제를 틀리는 것은 물론, 그 핵심과 연결된 다른 개념의 이해에까지 악영향을 줄 수 있기 때문이다.

따라서 우리는 암기할 내용에 '우선순위'를 두어야 한다. 내신에서 고득점을 받을 수 있는 힘은 엄청난 암기력이 아니다. 사실 암기 능력 자체는 학생마다 크게 다르지 않다. 중요한 것은 암기를 쉽게 할 수 있도록 내용을 구조화시키는 능력이다. 내용을 구조화한다는 것은 머릿속에 하나의 나무를 만드는 일과 같다. 공부하는 내용을 가지고 몸통을 만들고, 가지를 만드는 것이다. 가느다란 잔가지까지 만들어내기 위해서는 튼튼한 굵은 가지들이 먼저 만들어져야 한다. 굵은 가지가 건강하게 자라야만 작은 가지들이 발을 붙이고 서 있을 수 있다. 굵은 가지가 죽어간다면 작은 가지는 당연히 살아 있을 수 없다.

암기도 이와 같다. 중요한 내용이 완전히 자리 잡지 못한 상태라면, 나무의 잔가지 같은 세부적인 내용은 지탱해줄 곳이 없어 자리를 잡을 수 없다. 어렵사리 잡았다 해도 곧 시들어버릴 것이다. 완벽하게 공부하여 만점을 얻고 싶다면 잔가지에 해당하는 교과서의 작은 표를 눈에 불을 켜고 보는 것이 아니라, 그 표를 지탱해줄 굵은 가지가 무엇인지를 먼저 파악해야 한다. 중요한 것들을 먼저 암기하고, 그 중요한 것들이 뇌 속에 굵은 가지로 자리 잡고 난 후에, 잔가지를 뻗어나가듯 하나씩 더해줘야 한다. 그렇게 해야 잔가지 하나까지 튼실하게 살아 있는 하나의 건강한 나무로 자리 잡는 것이다.

잔가지 몇 개를 살리지 못한다고 해서 나무 전체가 휘청거리지는 않는다. 하지만 잔가지를 살리느라 굵은 가지를 놓쳐버린다면, 잔가지를 위한 노력은 헛수고에 불과하다. 결국 중요한 것은 굵은 가지를 튼튼하게 하고 그것을 기반으로 나무를 성장시키는 일이다. 여기서 우리는 암기에 달아야 하는 첫 번째 조건을 알 수 있다.

'얼마나 중요한 것인가?'

이해 없이 외우지 마라

'무조건 외운다'는 이해가 되지 않아도 일단 외우고 보자는 말이기도 하다. 내신시험은 학생들이 1, 2점을 가지고 치열하게 싸우게 만든다. 단 0.1점이라도 낮은 점수를 받는다면 등급이 달라질 수도 있기 때문이다. 그래서 이해가 잘 되지 않을 때도 그냥 외워버리는 경우가 많다. 궁금증을 덮어두면 시간도 절약되고 점수를 받기도 수월해지는 것 같기 때문이다.

그러나 이해와 암기는 항상 세트처럼 붙어 다니는 단어들이며, 서로 정반대의 성격을 가지고 있다. 통상적으로 암기하는 것은 비효율적인 일이고, 이해하는 것이 중요하다고 여겨진다. 그래서 많은 사람들이 목에 핏대를 세우며 우리나라의 교육이 '암기 위주의 공부'에서 '이해 위주의 공부'로 바뀌어야 한다고 말한다. 하지만 사람들이 생각하는 것과는 달리, 암기와 이해는 종이 한 장의 차이에 불과하다. 암기와 이해는 너무나 긴밀하게 연결되어 있어, 이해를 하면 매우 높은 확률로 암기가 따라온다. 예시를 하나 들어보겠다.

한국사를 공부했던 친구라면 참고서에서 이런 표를 한 번쯤은 본 적이 있을 것이다. 조선의 건국 과정을 보기 쉽게 정리해 놓은 것이다. 아마 많은 학생들이 이 내용을 중얼거리며 외웠을 것이다. 과정을 이해하지 않고 그저 글자들만을 외웠다면 금방 잊어버리거나 헷갈리게 된다. 문제를 맞닥트리면 '㉢이 먼저였나? ㉣이 먼저였나?' 하고 갑자기 고민된다. 고민 끝에 고른 정답은 아, 안타깝게도 틀렸다! '시험 직전에 본 표였는데, 나도 참 바보 같지.' 하며 자책한다. 하지만 바보여서 틀린 게 아니다. 반에서 1등을 놓치지 않는 친구도 똑같은 과정을 통해 외웠다면 똑같은 실수를 했을 수도 있다. 조선의 건국 과정을 기억하지 못한 이유는 따로 있다. 바로 이해하지 않았기 때문이다. ㉠부터 ㉤까지는 서로 전혀 다른 듯 구분되어 있지만, 사실 하나로 이어져 있다. 독립되어 존재하는 것이 아니라 톱니바퀴가 돌아가듯 서로 맞물려 있는 것이다. 그 과정을 이해하면 어렵지 않게 조선 건국의 다섯 단계를 외울 수 있다.

다음 내용을 보자. 이것이 조선의 건국 과정이다. 이렇게 과정을 이해하다 보면 순서를 헷갈릴 수가 없다.

고려 말 왜구의 침입을 물리치는 과정에서 이성계나 최영 같은 '㉠ 신흥 무인 세력'이 성장하게 되었다. 이때 고려 말에 원나라가 빼앗아 갔던 철령 이북의 땅을 되찾았었는데, 그 땅을 명이 지배하겠다고 포고해왔다. 이에 우왕은 명의 요구를 거부하고, 당시 명이 차지하고 있던 요동 지방을 정벌할 것을 추진했다. 이성계는 시기가 적절하지 않다고 판단하여 반대했지만, 우왕과 최영을 비롯한 세력의 주장으로 ㉡요동 정벌을 단행하게 되었다. 요동 정벌을 하러 가는 길에, 이성계는 결국 회군을 하여 요동 정벌을 하지 않기로 결정했다. 회군을 한 지점이 바로 위화도였다. 이것이 바로 ㉢위화도 회군이다. 요동을 정벌하라는 왕의 뜻을 거스른 이성계는 돌아가 자신과 뜻이 달랐던 우왕을 폐위시키고 ㉣최영을 제거한다. 그렇게 자신과 추구하는 개혁의 방향이 달랐던 세력을 제거하고 난 후 ㉤조선을 건국한다.

확실히 이해한다면 암기가 몇 배는 더 쉬워진다. 한국사를 예로 들었지만 다른 과목에도 똑같이 적용된다. '암기가 필요 없다'고 널리 알려진 수학을 또 다른 예로 들어보자. 수학 문제를 풀다 보면 어느 순간 푸는 방법이 외워진 것을 느낄 수 있다. 문제를 접했을 때 풀이과정을 완전히 이해했기 때문에 '이런 문제가 나오면 이렇게 풀어야 한다'고 일부러 외우지 않아도 자연스럽게 풀이 방법을 외우게 된 것이다. 반면 풀이과정을 다 이해하지 못한 상태에서 단순히 풀이 방법을 외우고 지나갔다면, 얼마 지나지 않아 잊어버릴 확률이 굉장히 높다. 이렇게 조금만 변형되어도 암기는 힘을 잃게 된다.

이해의 도움 없는 암기는 오래 살아남지 못한다. 하지만 이해와 함께라면 아주 쉽게 힘을 발휘할 수 있으며, 오랫동안 우리의 머릿속에 살아 있을 것이다. 잔가지들을 살려주는 게 굵은 가지들이라면, 굵은 가지들에게 생명을 불어넣는 것은 뿌리다. 그 뿌리에 해당하는 것이 바로 이해인 것이다. 우리는 이렇게 암기에 달아야 하는 두 번째 조건을 알 수 있다.

'이 내용을 이해하고 있는가?'

내신 공부에서 암기가 꼭 필요하다는 것은 자명하다. 하지만 '무조건' 암기하는 것은 독이다. 우리는 '조건을 단' 암기를 해야 한다. 얼마나 중요한 것인지를 먼저 파악하고, 암기하기 전에 이해를 한 내용인지를 살펴보자. 우선순위도, 이해도 없는 무조건 암기는 너무나 연약하다. 시험이라는 초긴장 상태에서도 암기가 힘을 발휘하려면 이해라는 굳건한 뿌리를 가지고 있으며 굵은 가지가 튼튼하게 뻗어 있는 나무가 필요하다.

[국어]
국어 시험의 절대 권위자는 선생님뿐이다

내신 국어 시험에서는 다양한 형태의 글이 시험 범위에 속한다. 이뿐만 아니라 맞춤법이나 어휘·문법 등이 기본적으로 출제된다. 형태만 보았을 때는 수학능력시험 국어 영역과 흡사하다. 학생들이 수능과 연계하여 시험을 준비할 수 있도록 수능문제 출제 형태를 참고하여 문제를 출제하는 선생님도 있다. 그래서 수능 국어와 내신 국어를 다르게 보지 않고 겸사겸사 공부하는 학생들도 많다. 그러나 수능 국어와 내신 국어를 구분해서 공부하지 않는다면 내신시험에서 원하는 점수에 크게 미치지 못할 것이다. 내신 국어와 수능 국어 시험이 아무리 비슷한 모습이라 하더라도 내신시험의 본질은 수능과 완전히 다르기 때문이다.

수학능력시험의 본질을 보면 내신시험의 본질이 보인다

2015년 3월 11일에 실시된 2016학년도 서울특별시 교육청 주관 3월 모의고사 국어 영역에서 오류가 발생했다. 오류가 난 문제는 국어 B형 19번 문제다. 경제와 관련된 비문학 지문이었는데 지문에 나온 내용이 경제학 교과서에서 나온 내용과 달랐던 것이다. 그에 따라 서울시 교육청은 오류를 인정하고 전원 정답 처리를 했다. 서울시 교육청은 2014년에 시행되었던 2015학년도 3월 모의고사에 이어 2년 연속으로 국어 영역에서 오류가 있는 문제를 출제했다. 서울시 교육청은 2014년에 발생했던 문제의 오류를 반복하지 않고자 출제 시스템을 수정했다. 모의고사 출제 경험이 있는 교원 6명과 수능 출제를 주관하는 한국교육과정평가원 전문가 2명을 자문단으로 구성해 출제에 오류가 없도록 시스템을 수정한 것이다. 그러나 1년 만에 출제 오류는 반복되었다.

이처럼 교육청은 주관하는 모의고사 문제에 오류가 없도록 자문위원을 구성하여 문제를 출제하고 검토한다. 수학능력시험도 마찬가지다. 한국교육과정평가원이 주관하는 수능은 교육청이 주관하는 모의고사보다 더 철저한 시스템 아래에서 출제된다. 네이버 시사상식 사전에 의하면 2013학년도 수능 출제 과정에 투입된 인원은 다음과 같다. 출제위원 317명, 검토위원 183명으로 문제를 출제하고 검토하는 인원만 총 500명이다.

500명이 검토하는 문제에서 이의가 제기되면 문제는 가차 없이 폐기될 정도로 오류에 만전을 기한다. 하지만 이렇게 철저한 검토 과정을 통해서 나온 수능문제에서도 오류는 발생했다. 2004학년도 수능 언어 영역 17번 문제였다. 백석의 고향과 관련된 현대시 문제였다. 서울시 교육청에서 일주일 만에 오류를 인정하고 전원 정답 처리를 했던 것과는 달리 이 문제는 논의가 길게 이어졌다. 서울시 교육청에 제기되었던 문제가 논리와 사실로 판단되는 비문학 문제였던 것과 달리, 2004학년도 수능 언어 영역에서 제기되었던 문제는 해석으로 판단되는 문학 문제였던 탓도 있다. 정답에 관해서 긴 논의 끝에 한국교육과정평가원은 결국 복수 정답을 인정하였다.

그렇다면 이제 여러분의 내신 국어 시험을 출제하고 검토하는 선생님은 몇 명인지 생각해볼 차례다. 한 학년당 국어 수업을 맡는 선생님은 보통 2~3명이고 국어 과목이 세분화되어 있는 경우에도 4~5명에 불과하다. 교육청 모의고사나 수학능력시험에서 문제를 출제하고 검토하는 선생님의 수와 비교할 수 없다.

이와 같은 상황에서 내신 국어 시험을 치르고 난 후에 여러분이 어떤 문제를 '오류'라고 이의 제기를 한다고 가정하자. 그럴 경우 교육청 모의고사나 수능의 경우처럼 '오류'로 받아질 가능성은 높지 않다. 교육청 모의고사나 수능의 경우 정답에 대한 이의가 제기되면 학원 강사, 전공 교수 등 사회적으로 공신력이 있는 사람들이 의견을 보태게 된다. 그들이 가진 공신력은 문제를 출제한 사람과 비슷한 경우가 많다. 따라서 학생들이 제기한 내용이 받아들여질 수 있다. 하지만 내신 국어에서 시험문제에 대한 권위를 갖고 있는 사람은 학교에서 수업을 하고 있는 선생님들뿐이다. 그리고 선생님들은 시험에 출제될 내용에 대해 이미 수업시간을 통해 학생들에게 설명했다. 수업 내용을 바탕으로 문제가 출제되고, 선생님의 관점으로 출제된 문제에서는 선생님이 정한 답이 곧 정답이다. 오류가 인정될 수도 있는 단 하나의 예외가 있다면, 수업에서 설명했던 내용이 시험에서 다르게 나온 경우다.

내신 국어 시험 고득점 비법, 끝까지 의심하고 질문하라

따라서 내신 국어 시험에서 고득점을 받기 위한 방법은 수업시간에 집중하는 것이다. 선생님이 설명하는 모든 것들을 받아들여라. 그리고 시험에 대비하여 공부할 때도 그 내용을 바탕으로 공부해야 한다. 이 방법은 지나치게 수동적이라 흥미가 떨어질 수 있고, 선생님의 해석을 유일한 해석인 것처럼 생각할 수도 있는데, 이것은 오히려 수능에서는 독이 될 수 있다. 따라서 내신 국어 시험에서 고득점을 받으면서, 동시에 수능시험에도 도움이 되게 하려면 끊임없이 질문하고 확실하게 정리하는 것이다. 수능 공부를 위해서 문제를 푸는데 학교 선생님의 설명과 다른 부분이 나온다면, 선생님께 무조건 질문해야 한다. 선생님이 잘못 설명한 것이라면 제대로 알게 되어 내신시험에 확실하게 대비할 수 있다. 또 선생님과 관점이 다를 경우라면 각 지문에 대한 다양한 관점을 섭렵할 수 있으니 수능에 필수적인 능력인 사고력을 키울 수 있다.

[국어]
내신으로 쌓은 지식이 수능 1등급의 밑바탕이다

2016학년도 대학 입시에서 대학들은 입학 정원의 약 70%를 수시 전형으로 선발한다고 예고했다. 하지만 대학들은 자신들의 계획대로 학생들을 선발하지 못했다. '수능 최저 등급' 제도 때문이다. 수능 최저 등급을 맞추지 못해 면접이나 논술에 참여하지도 않는 학생들이 많아졌다. 그에 따라 수시에서 선발하기로 했던 인원을 정시 선발 인원으로 변경했다. 하지만 그렇다고 하더라도 입학 정원의 반 이상을 수시 전형으로 선발하는 것은 변함이 없기 때문에 수시 전형으로 입학하기 위한 준비를 해야 한다. 내신 관리가 중요한 이유다.

또한 수능 최저 등급 때문에 수시 전형에서 불합격되지 않으려면 수능에도 집중해야 한다. 특히 국어 영역은 수능시험에서 가장 중요한 과목이다. 가장 먼저 치르기 때문에 국어 시험을 얼마나 만족스럽게 치렀는지에 따라 이후에 보는 과목에 얼마나 집중할 수 있는지가 결정된다. 내가 수능시험을 봤을 당시 1교시 국어 시험을 보고 시험장을 나간 학생도 있었다. 국어 시험을 망쳤다고 생각하고 모든 시험을 포기한 것이다.

수능에 나올 문학작품을 미리 보고 깊이 배울 수 있는 기회

이렇게 수능 국어와 내신 국어 중 어느 것도 포기할 수 없는 상황에서 가장 좋은 방법은 각 시험의 성격에 근거해 상호보완적인 공부를 하는 것이다. 특히 내신 국어 시험에 해당하는 여러 분야 중 문학은 수능 국어를 준비하는 데 큰 도움이 된다. 내신 국어를 공부할 때는 시험 범위에 해당하는 소수의 문학작품들을 깊이 공부할 수 있다. 주목해야 할 점은 교과서나 학교 보충 교재로 쓰이는 EBS 교재에 수록된 문학작품이 수능에도 나올 가능성이 많다는 것이다. 특히 EBS와 연계하여 문제를 출제하기 때문에 EBS에서 자주 나오는 작품일수록 수능에 활용될 가능성이 많다.

따라서 내신 시험에서 고득점을 얻기 위해 수업 시간에 집중하여 각 문학 작품을 깊게 배운다면 수능 실력도 키울 수 있다. 한 작품에 대한 상세한 설명을 듣고, 깊게 생각해보는 과정 자체가 다른 작품을 읽고 해석할 수 있는 요령으로까지 이어지기 때문이다. 어느 작품이 나올지 모르는 상황에서 다양한 작품을 능수능란하게 읽을 수 있다면, 어떤 작품이 나와도 당황하지 않을 수 있다. 그런데 앞서 말한 것처럼 문학작품은 개인적 해석이 가미되어 설명될 수 있기 때문에 수업시간에 배운 작품과 관련된 문제를 미리 풀어보고 예습해가면 좋다. 만약 미리 공부한 내용과 선생님이 설명한 내용이 다르다면 적극적으로 질문하여 내신에 나올 경우를 대비해야 한다. 정확한 내용을 배웠다면, 내신시험을 위해 적극적으로 암기해두는 것도 도움이 된다.

특히 고전 문학의 경우 내신 국어 시험을 위해 더 집중해서 공부하면 수능에 확실한 도움이 된다. 고전 문학의 경우 작품 수가 한정적이라 나오는 작품 역시 정해져 있어, 주제와 내용까지 암기해두면 큰 자산이 된다. 고전시가의 경우는 특별히 자주 보고 익숙해지도록 해야 한다. 왜냐하면 고어로 되어 있어 읽기 어려운 경우가 있기 때문이다. 내신시험을 위해서 고어를 반복적으로 읽어둔다면 수능시험에서 고어로 나와도 당황하지 않을 수 있다.

수능을 위해 국어 문법을 다시 공부할 생각하지 마라

수능과 내신을 비교하면서 가장 많이 이야기하는 것은 수능은 '이해' 중심이고 내신은 '암기' 중심이라는 것이다. 단편적으로 말하면 틀린 이야기도 아니다. 내신은 더 많이, 더 정확하게 외울수록 고득점을 받을 수 있는 가능성이 커진다. 내신시험의 이러한 특성을 생각한다면, 주목해야 할 부분이 국어 문법이다.

수능에서 국어 문법은 꼭 출제되는 부분이기 때문에 정확히 알아두면 어렵지 않게 점수를 얻을 수 있다. 문제에서 말하는 것을 빨리 이해할 수 있다면 시간을 단축할 수 있어 다른 문제들을 풀 때도 상대적으로 유리해진다. 그러므로 한 번은 정확하게 공부해야 하는데 공부하기 가장 좋은 때가 학교 내신시험 범위에 포함되었을 때다. 국어 문법은 처음부터 모두 공부하기엔 내용이 방대해서 혼자 공부한다면 도중에 포기하기 쉽다. 그런데 내신시험 범위에 포함되면 좋은 점수를 받기 위해 울며 겨자 먹기 식으로라도 외울 수밖에 없다. 외울 때는 고생하겠지만, 내신시험을 위해 정확히 숙지해둔 문법은 수능을 보는 날까지 도움이 될 것이다. 물론 정확한 내용을 설명할 수 있을 정도로 확실하게 외워두면 좋다. 하지만 그것이 불가능하다면 국어 문법에서 나오는 핵심 개념어들이라도 알아두길 바란다. '조사', '접두사', '어미', '구개음화', '두음법칙' 등 개념어만 확실히 알아두어도 문제를 푸는 데 큰 도움이 된다.

[수학]
수학 공부에는 정해진 순서가 있다

수학이 다른 주요 과목들과 가장 크게 다른 점은 교과서에 연습 문제가 많다는 것이다. 국어나 영어 같은 과목들은 지문을 해석하고 분석하더라도 각 선생님마다 중요하다고 생각하는 것이 달라 수업내용이 다를 수 있다. 또 문제 형태가 선생님이나 학교마다 천차만별이다. 그래서 시중에 나와 있는 문제집의 문제들로 공부한 내용을 확인하거나 어떤 방식으로 시험문제가 나올지 감을 잡기가 힘들다. 이에 비해 수학은 이론뿐만이 아니라 예제를 통한 적용이 중요하기 때문에 교과서에 많은 문제가 실려 있다. 또한 선생님들 역시 그 문제를 바탕으로 수업을 진행하기 때문에 수업내용이 거의 비슷하다. 그래서 수학에서 교과서를 빼면서 고득점을 기대할 수는 없다.

또 수학의 경우 개인마다 문제를 푸는 데 걸리는 시간이 다르다. 잘하는 학생이어도 시험 시간이 부족한 경우가 많기 때문에 제한된 시간 내에 많은 문제를 정확히 풀어내는 능력이 매우 중요하다. 따라서 다양한 문제를 접하고 많은 문제를 풀어보면서 수학적 사고력과 계산 실력을 길러야 하는데, 수학에서 문제 풀기를 빼고 고득점을 기대할 수 없는 이유이기도 하다.

어려운 문제 ≠ 좋은 문제, 좋은 문제를 풀어야 한다

다른 과목과 다르게 많은 학생들이 수학은 어렸을 때부터 시작하고 꾸준히 공부하고 있다. 학원에 다니면서 선행학습을 하다 보니 학원 수업에만 집중하고 학원에서 사용하는 교재만 열심히 풀어보며 학교 수업에 집중하지 않기도 한다. 또 '교과서는 당연히 풀 수 있지!'라며 무시하고 교과서를 풀지 않는 실수를 범한다. 이는 수학 공부에 있어 가장 잘못된 행동이다. 이런 학생들은 주로 시중에 있는 어려운 문제집을 사서 공부하는데 그 문제집들이 꼭 좋은 문제집인 것은 아니다. 어려운 문제라고 꼭 좋은 문제는 아니라는 말이다. 그럼에도 불구하고 대부분의 학생들은 문제집의 수준이 교과서 수준이거나 쉬우면 사지 않는다. 그래서 출판사들은 일부러 어려운 문제를 만들고 서로 더 어려운 문제를 담기 위해 경쟁하고, 학생들에게 이 문제집이 어려우니 이것을 풀 수 있으면 시험을 잘 볼 수 있다는 듯 광고한다. 하지만 너무 어려운 문제는 교과과정과 선생님이 가르쳐준 범위를 넘어선다. 더 중요한 것은 어렵다기보다는 귀찮은 문제가 다수이기 때문에 내신 공부에 도움이 되지 않는다는 점이다.

문제집에 목숨 걸지 마라

시험문제를 내는 사람은 여러분의 학원 선생님이 아니라 여러분의 학교 선생님이다. 학교 선생님은 여러분이 학원에서 사용하는 문제집이 아니라 교과서를 참고해서 시험문제를 내기 때문에 당연히 교과서가 어느 문제집보다 중요하다. 또한 최근 교과서에 실린 문제들도 질이 좋아졌다. 따라서 다른 문제집을 3~4권 푸는 것보다 교과서를 제대로 보는 것이 더 중요하다. 교과서를 제대로 본다는 것은 교과서에 있는 모든 문제만을 풀어본다는 말이 아니다. 교과서에 있는 모든 문제를 풀 수 있으며 최소한 교과서를 3~4번 이상 예제-유제-연습문제, 심지어 단원별로 있는 수학 읽기 자료 등에 포함된 문제까지 모두 풀어보는 것이다. 물론 모든 시험문제가 교과서에서 나오는 것은 아니므로 교과서를 제대로 공부한다고 해서 만점을 받을 수 있는 것은 아니다. 하지만 교과서와 A 문제집이 있다면 교과서를 먼저 제대로 공부하는 것이 낫다.

교과서 → 문제집: 교과서 정복 후에 문제집으로!

사실을 말하자면 교과서를 정복하면 80점 정도는 거뜬하지만 만점을 기대하기는 힘들다. 왜냐하면 만약 모든 문제를 교과서 바탕으로 낸다면 많은 학생들이 만점을 받을 것이고 그러면 등급을 나눌 수 없게 되고 1등급이 사라지는 사태가 생길 수 있기 때문이다. 그래서 선생님들은 교과서만 공부해선 풀기 힘든 문제 몇 개를 만점자를 가리기 위해 출제한다. 이런 문제까지 맞히기 위해선 다양한 문제를 통해 사고력을 길러야 한다. 이렇게 말하면 '그럼 왜 교과서 먼저 공부하래?'라는 의구심을 가질 수 있다. 교과서를 먼저 제대로 정복하면 교과서를 바탕으로 나오는 많은 문제를 남들보다 빨리 풀 수 있다. 그렇게 되면 교과서에서 보지 못했던 새로운 문제들을 풀 시간이 늘어나기 때문에 효과적이다.

시험에서 가장 어려운 문제를 맞히는 자가 진정한 승자가 되는 것이다. 진정한 승자는 바로 여러분이 되어야 한다. 가장 좋은 방법은 문제를 많이 푸는 것이다. 너무 어렵지도, 너무 쉽지도 않은 자습서보다는 문제가 많은 문제집을 선택해서 풀자. 이것도 한 번 보고 넘어가는 것이 아니라 교과서처럼 두세 번 틀린 문제와 중요한 문제를 반복해서 보며 교과서와 병행한다면 만점은 바로 여러분의 눈앞에 있을 것이다.

[수학]
정답과 해설지를 이용하는 수학 만점 공부법

대부분의 학생이 누군가의 가르침을 통해 공부를 시작할 것이다. 학교나 학원, 인터넷 강의를 통해 가르침을 받아 그 내용에 관한 공부를 처음할 것이다. 그러나 가르침을 받는다고 그 내용을 모두 알 수 있는 것은 아니다. 스스로 공부하면서 배운 내용을 내 것으로 만드는 작업이 필요하다. 이 작업은 가르침을 받는 작업보다 더 중요하다. 이 작업을 하는 동안 수업을 열심히 들었지만 까먹었다거나 수업에선 알려주지 않은 내용을 발견하게 된다. 바로 이 부분을 어떻게 대처하는가에 따라 성적이 결정된다. 대처 방법에는 선생님께 물어보기, 친구에게 물어보기, 인터넷 찾아보기, 다른 서적 찾아보기 등 여러 가지가 있다. 가장 좋을 것 같은 방법은 선생님께 물어보기다. 하지만 혼자 공부할 때 항상 옆에 선생님이 있는 것이 아니고, 질문을 다음날로 미루려고 해도 막상 다음날이 되면 질문 내용을 잊어버리는 경우도 많다. 친구에게 질문할 수도 있지만 친구역시 항상 옆에 있지는 않다.

그래서 나는 정말로 모를 때면 답지를 많이 참고해서 내 궁금증을 해결하고는 했다. 그런데 왜 많은 선생님이 모범적인 풀이가 적혀 있는 답지를 보지 말라고 말씀하실까? 그 이유는 처음에 좀 막히더라도 고민해보면 풀 수 있는 문제가 많은데, 답답하다고 바로 답지를 보면 수학적 사고력이 성장하지 않기 때문이다. 하지만 답지를 수학적 사고력을 성장시키는 데 활용할 수 있다면 더할 나위 없이 좋은 공부 도구가 된다.

오용, 남용 금지, 올바른 답지 사용법!

수학 공부를 할 때 답지는 좋은 선생님이자 도구다. 수학을 공부하다 보면 시간이 많이 필요하다. 모르는 문제가 있을 때, 도중에 막혔을 때, 몇 번을 봐도 내가 어디를 틀렸는지 찾을 수 없을 때 등이 발목을 잡기 때문이다. 하지만 답지는 바로 해결해준다. 그러나 아무리 좋은 약이라도 많이 먹으면 탈이 나듯이 답지도 너무 많이 사용하면 탈이 난다. 시도 때도 없이 답지를 참고하면 풀기 귀찮은 문제들은 다 답지를 보게 된다. 그리고 '뭐 이런 거였어? 할 수 있지.', '쉬운데 귀찮아서 답지 본 거야.' 등의 생각을 하는 습관이 들게 된다. 계속해서 스스로 해보지 않고 답지를 눈으로 이해하는 행동을 반복하게 되면 똑같은 문제가 나왔을 때 그 풀이가 잘 기억이 나지 않아 제대로 적용할 수 없어 결국 틀리게 된다.

지금부터 답지를 제대로 사용하는 방법을 알려주려 한다. 먼저 답지를 보는 상황은 어떤 때인지 자신만의 기준을 정하자. 나는 모르는 문제가 나타나더라도 최소한 5분에서 10분은 고민해보고 시도해볼 것들을 다 시도해본 후에야 답지를 봤다. 모른다고 고민하지 않고 바로 답지를 보게 되면 앞서 말한 것처럼 답지에 대한 의존도가 증가하고 수학적 사고력의 성장이 멈추게 된다. 가끔 30분 넘게 고민하는 친구들이 있는데 그것보다 그 시간에 그 문제에 대한 풀이를 보고 제대로 해석하고 내 것으로 만드는 게 더 좋다고 생각한다.

두 번째, 두 번 정도는 풀어보고 답지를 본다. 바로 연속해서 두 번 푸는 것이 아니라 잠시 제쳐놓고 다른 문제들을 다 푼 후 마지막에, 또는 다음날 다시 시도하는 것이다. 처음에는 안 풀리지만 한 시간 뒤에 풀어보면 풀리는 것들이 의외로 많다. 그러므로 한 번 안 풀린다고 바로 답지를 보지 말고 시간이 조금 지난 뒤에 다시 시도하고, 그때도 모르겠다면 답지를 보는 것이 좋다.

세 번째, 답지를 눈으로 보며 이해하는 것에서 그치지 않고 바로 다시 스스로 풀어본다. 답지를 보면 풀이가 너무 잘 되어 있어 어려운 문제라도 쉽게 이해할 수 있다. 하지만 이해만 하고 넘어가는 문제는 절대 자신의 것이 되지 않는다. 정작 다시 풀어보면 못 푸는 경우가 많다. 따라서 답지를 보고 이해했다 싶으면, 답지를 덮고 다시 스스로 풀어보는 것이 중요하다. 이때도 답지를 덮자마자 바로 풀면 기억이 잘나서 풀기 쉬우니 다음날이나 일주일 후쯤 복습하면서 다시 풀어봐야 한다. 내가 이 과정을 제대로 하지 않아 된통 당한 적이 있었다. 고등학교 2학년 때, 내용은 쉽지만 계산과정이 복잡한 문제가 있었다. 나는 '실전에서는 계산 잘하겠지.'라고 자만하며 답지 풀이를 눈으로 보고 넘어갔다. 수행평가 때 그 유형의 문제가 나왔고 답지에서 본대로 얼추 비슷하게 따라 했지만 결국 계산 실수로 틀렸다. 답지를 덮은 후 자기 손으로 다시 해봄으로써 자신의 것으로 만드는 과정은 꼭 필요하다.

[영어]
시험에서 필승하는 본문 3단계 암기법

내신시험에서 영어는 암기를 많이 요구하는 과목이다. 모르는 단어들을 암기해야 하는 것은 물론, 생소한 문법부터 본문의 내용까지 모두 암기해야만 치열한 내신 경쟁에서 살아남을 수 있다. 물론 기본 실력이 탄탄하게 뒷받침된다면 일일이 외우지 않아도 문제를 풀 수는 있을 것이다. 하지만 내신시험의 특성상 이해를 넘어 암기를 통해 익혀야만 풀 수 있는 문제가 많다. 교과서 본문 자체의 난도는 모의고사보다 쉽기 때문에, 교사들이 변별력을 위해 기본 실력에 의한 추론만으로는 답을 맞히기 힘든 문제를 출제한다. 따라서 영어 내신시험을 준비할 때는 본문을 '이해'할 수 있는 정도로는 부족하다. 시험 범위의 지문을 암기하는 것은 내신시험에서 난이도가 높은 문제들을 풀 수 있는 시간을 확보할 수 있는 좋은 방법이다. 하지만 많은 학생들이 학년을 거듭할수록 늘어가는 본문의 길이에 좌절하여 포기하거나, 너무 많은 시간을 투자하여 다른 것들을 놓쳐버리곤 한다. 그래서 여러분에게 본문을 똑똑하고 효율적으로 외울 수 있는 '3단계 암기법'을 소개하고자 한다.

1단계: 본문을 낱낱이 파헤치자(구문 이해)

본문을 본격적으로 암기하기에 앞서 본문을 정확히 이해해야 한다. 본문을 이해하기 위해서는 복잡한 구문들을 풀어나가는 것이 우선이다. 아무것도 쓰여 있지 않은 본문을 하나 준비하자. 본문의 구문을 낱낱이 파헤치기 위하여, 가장 먼저 선생님이 강조한 내용이나 단원의 핵심 문법이 들어 있는 구문들을 형광펜처럼 눈에 잘 띄는 것으로 표시한다. 그리고 나서 이전 단원에서 다뤄졌거나 평소에 많이 거론되었던 문법을 표시한다. 선생님이 언급하지 않으셨더라도 내가 알고 있는 문법지식을 총동원하여 표시한다. 이때 표시된 모든 문법을 이해하고 구문을 파악하는 것이 중요하다. 잘 이해되지 않는 문법은 참고서를 찾아보거나 선생님께 여쭈어 의문점이 없도록 만든다. 이렇게 하면 본문의 내용을 이해하기 위한 사전작업이 끝난다.

2단계: 본문의 내용을 구조화하자(내용 이해 및 영작 연습)

1단계에서 구문 분석에 집중하여 본문을 꼼꼼히 파헤쳐 해석을 원활하게 만들었다면, 2단계에서는 이를 바탕으로 내용 구성에 집중하며 본문을 읽는다. 영어도 국어처럼 하나의 언어이므로, 국어 지문을 분석하는 것과 비슷한 과정을 거친다. 가장 기본이 되는 것은 각 문단의 주제가 무엇인지, 문단 간의 관계가 어떻게 되는지를 파악하는 것이다. 즉 더 큰 단위의 주제부터 하나씩 작은 단위로 쪼개어 내용을 구조화시키는 것이다. 글과 그림으로 표현하는 것도 좋다. 본문 전체가 말하고자 하는 바를 맨 위에 적고, 그 주제를 말하기 위하여 어떤 내용을 담아냈는지를 그 밑에 적는다. 이후 각 내용을 뒷받침하기 위한 근거나 예시 등을 파악하여 적는다. 단, 이 모든 것은 영어로 정리되어야 한다.

이것은 단순히 한 문장 한 문장을 외우는 것이 아니라 글 전체의 구조를 파악하여 더 효율적으로 외울 수 있도록 해주는 과정이다. 이 과정은 어떤 내용이 글의 어느 부분에 들어가는지를 명확히 기억할 수 있도록 해주어 문제를 풀 때 큰 도움이 된다. 이렇게 내용과 그 흐름이 완전히 이해되었다면 책을 덮고도 머릿속에서 본문의 내용을 이야기를 떠올리듯 그려낼 수 있어야 한다. 이것이 가능해졌다면 다음 과정으로 넘어간다.

머릿속에 구조화된 내용을 되새기며 한글로 옮기는 과정이다. 이때 주의해야 할 점이 있다면, 영어의 구조를 너무 많이 흩트리지 않는 것이다. 즉 번역하듯 우리나라 말로 매끄럽게 해석하는 것에 초점을 맞추는 것이 아니라, 영어 구문의 구조 자체로 뇌에서 받아들일 수 있도록 구문을 살려 적어주는 것이다.

[예시]

It is food that gives you a feeling of comfort when you eat it. That's because you associate it with positive feelings or happy memories.

(이찬승, 능률교육 실용영어 2 Lesson 7)

이렇게 하면 후에 영작을 연습할 때 좀 더 수월하게 할 수 있을 뿐만
아니라, 국어와는 완전히 다른 영어의 문장 구조들에 익숙해지고 그 자
체로 받아들일 수 있도록 훈련된다. 그 다음 해석에 중요한 구문들을 나
름의 방식으로 표시한다. 문장에 밑줄을 그어도 좋고, 별표를 달아 놓아
도 좋다. 그 후 해석을 보며 그 구문들을 영작하는 연습을 한다. 처음엔
본문의 문장을 보며 하나하나 비교하며 옮겨 써보고, 후에는 해석본만
보며 영작하는 연습을 한다. 이 과정에서 중요한 구문들을 완전히 파악
하고 영작할 수 있도록 만드는 것이다.

3단계: 본문을 내 것으로 만들기

1단계가 구문 이해에, 2단계가 내용 이해에 집중했다면, 3단계는 두 단
계에서 이루어진 것들을 통합하여 소화하는 단계이다. 3단계는 누군가
에게 수업하는 것이라고 생각하면 쉽다. 허공에 대고 이야기해도 좋고,
아무것도 모르는 동생에게 가르쳐줘도 괜찮다. 아무것도 기록되지 않은
본문을 보면서, 1단계를 거쳐 숙지한 구문을 하나하나 설명해본다. 이 문
장이 가지고 있는 문법적 요소는 무엇이며, 그 구문이 어떻게 해석되어야

하는지를 처음 듣는 사람도 이해할 수 있도록 설명해준다. 그리고 중요한 구문들을 강조하며 영작해보는 연습도 하고, 해당 문법을 사용하여 비슷한 문장을 만들어보는 연습도 한다. 또한 2단계에서 이해한 내용을 바탕으로 한 문단이 끝날 때마다 이 문단의 주제가 무엇이며 그를 뒷받침하기 위해 어떤 예시나 근거를 들고 있는지를 설명해준다. 누군가에게 설명해주다 보면 내가 어떤 것을 놓치고 있는지 알 수 있다. 설명하다가 궁금증이 생기는 것은 메모해두었다가 친구에게 물어보거나 선생님께 여쭤보아 보완한다. 이 과정을 거치게 되면 본문의 내용과 중요한 구문을 포함한 많은 구문들이 자연스레 암기된 것을 확인할 수 있을 것이다.

[영어]
서술형 문제를 정복하는 키워드:
기본 문장, 구문 이해, 조건 충족

　　내신 영어에는 수능 영어에서는 절대 나오지 않는 유형의 문제가 나온다. 바로 서술형이다. 서술형을 맞히지 않으면 고득점을 기대할 수 없다. 하지만 많은 학생들이 서술형에서 와르르 무너져버린다. 서술형은 항상 학생들에게 어려운 영역이다. 심지어 일찌감치 서술형은 포기하고 객관식 문제를 다 맞는 것을 목표로 삼기까지 한다. 서술형 문제, 도대체 왜 이렇게 어려운 걸까?

　　객관식 문제를 풀 때와 서술형 문제를 풀 때의 과정을 비교해보자. 객관식 문제에서 다섯 개의 선택지 중 하나는 정답이다. 즉 우리가 아무것도 모르더라도 20%의 확률로 문제를 맞힐 수 있다. 우리는 보기를 지문과 비교하고 열심히 분석하며 단서를 찾는다. 그렇게 찾은 단서로 '정답이 아닌 선택지'를 하나씩 지워나간다. 그렇게 하다 보면 한 개의 선택지가 남는다. 이것이 우리가 객관식 문제를 푸는 과정이다.

　　반면, 서술형 문제는 아닌 것을 골라내며 하나를 선택할 수 있는 것이 아니다. 아무 것도 쓰여 있지 않은 답란에 한 글자 한 글자 내 손으로 써야 한다. 쉽게 비유하자면, 객관식 문제는 다섯 개의 과자 중 조건에 해당하는 과자 하나를 골라내라고 하는 것이고, 서술형 문제는 재료들만 던져주고 조건에 맞도록 과자를 만들어내라고 하는 것이다. 결코 쉬운 일이 아니다. 조건에 맞는 과자가 무엇인지 아는 것은 물론, 그 과자를 내 손으로 직접 만들어야 하기 때문이다. 이것이 우리가 서술형 문제를 어렵게 느끼는 이유이다.

그렇다면 이 콧대 높은 서술형에 어떻게 대비해야 할까? 재료들을 던져주고 조건에 맞도록 과자를 만들어내라고 요구할 때, 알맞게 만들어내기 위해서는 무엇이 필요할지를 생각해보자. 우선 과자를 만드는 데 필요한 기본적인 방법들을 알고 있어야 할 것이고, 주어진 재료를 정확히 이해하고 있어야 하며, 요구하는 조건을 만족시키기 위한 방법들을 알고 있어야만 한다. 이 3가지가 앞으로 말하고자 하는 서술형 공부의 핵심이다.

① 기본 문장

조건이 요구하는 과자를 만들어내기 위해서는 우선 제과에 대한 기본적인 방법을 알고 있어야 한다. 즉 기본기가 필요하다. 서술형 문제의 대부분은 영어로 서술하는 것이다. 영어 문장이 엉망이면 쓰고자 하는 내용이 아무리 훌륭해도 정답이 될 수 없다. 최소한 주어와 동사, 목적어 등의 쓰임을 이해하고 알맞게 사용하여 문장을 만들어낼 수 있어야 한다. 기본적인 문장을 만드는 것도 어렵다면 둘째, 셋째로 넘어가기 전에 기본 영작법을 꼭 배워야 한다.

② 구문 이해

과자를 만들기 위해서는 제과에 대한 기본기와 더불어 주어진 재료들을 정확히 이해하고 있어야 한다. 내신 영어의 경우 이 '주어진 재료'는 시험 범위에 포함되는 내용을 말한다. 공부하는 내용을 완전히 이해하고 있어야 그것들을 적절하게 버무려 서술형의 답을 만들 수 있다. 서술형을 위한 완전한 이해는, 쉽게 말하자면 글이 왜 그렇게 생겼는지를 이해하는 것이다. 이 말은 좁게 해석하자면 문장에 쓰인 표현들을 하나하나 알고 있어야 한다는 말이다. 무엇 때문에 '-ing'가 쓰이고 'to 부정사'가 쓰였는지, 접속사로 어떤 것을 썼는지, 주어와 동사가 각각 무엇인지 등을 파악하는 일이다. 문장을 뜯어보는 일이다. 왜 그런 표현들이 쓰였는지를 이해하고 있어야만 필요할 때 그 표현들을 쓸 수 있기 때문이다.

조금 더 큰 관점으로 보자면, '글'의 전체적인 짜임을 이해하고 있어야 한다. 이는 앞에 '본문 3단계 암기법'에서 좀 더 자세히 다뤘으니 참고하길 바란다. 요즘 서술형 문제들은 문법을 이용한 단순 영작만을 요구하지 않는다. 글을 잘 이해하고 있는가를 묻는 문제가 늘어나는 추세다. 'Chris가 밑줄 친 ⓐ와 같이 말한 이유가 무엇인지 쓰시오.' 혹은 '(A) 문단의 주제문을 만들어 보시오.'와 같은 문제들이다. 이런 문제들은 글 전체의 짜임을 알고 있다면 망설임 없이 쓸 수 있지만, 글을 어렴풋이 이해하고 있다면 당황스럽고 까다로운 것들이다. 글은 살아 있는 하나의 생물과 같다. 단어, 표현, 문법 모두가 유기적으로 연결되어 있는 것이다. 이것을 알기 위해서는 수박 겉핥기식의 '해석 공부'가 아니라, 글을 이해하고 받아들이는 과정이 꼭 필요하다.

③ 조건 충족

서술형 문제에서 요구하는 조건은 크게 2가지 유형으로 볼 수 있다.

| 1) 특정 문법 사용 | – 가정법을 사용하시오.
– 관계대명사를 사용하시오. |
| 2) 내용의 제한 | – (B) 문단을 참고하여 서술하시오
– Jane의 마음에 초점을 맞추어 서술하시오. |

유형 1의 경우 당연히 해당 문법에 대한 이해와 연습이 필요하다. 보통 유형 1에 나오는 조건은 각 단원의 핵심 문법이나 선생님이 강조한 문법이다. 관계대명사를 예로 들어보자. 관계대명사를 이용하여 문장을 만드는 연습 전에, 관계대명사에 대한 이해가 필요하다. 관계대명사를 쓰는 이유는 무엇인지, 관계대명사의 종류는 어떤 것이 있는지, 주의할 점은 무엇인지를 먼저 알아야 한다. 이것은 1차로 수업시간에 이루어져야 하고, 이후 2차로 스스로 확인 및 정리하는 것이 필요하다. 이를 통해 교과서나 참고서에 있는 연습 문제들을 풀 수 있는 정도가 되었다면 영작 연습으로 넘어가야 한다.

영작은 ① 해당 단원 본문의 예문, ② 해당 단원 문법 부분의 예문, ③ 단원 외(다른 단원/보충 교재)에서 찾을 수 있는 예문의 순서로 연습해야 한다. 서술형에 나올 가능성이 높은 순서다. 선생님들은 보통 이 세 종류의 예문들 중 조금씩 변형하여 문제를 낸다. ①에서 ③으로 갈수록 문제의 난이도가 올라간다. 많은 학생들이 ①과 ②는 착실하게 하지만 ③은 하지 않는다. 그렇다. ③이 바로 고득점의 비밀인 것이다. ③을 문제로 내는 것은 배운 문법을 다른 지문에도 적용할 수 있는 응용력을 확인하는 것이기 때문이다.

조건 유형 2 같은 경우는 만족시키는 것이 크게 까다롭지 않다. 하지만 많은 학생들이 유형 2를 만족시키지 못해 점수를 깎이곤 한다. 이유는 정말 단순하다. 잊어버리기 때문이다. 문제에 대한 답을 만드는 것에 너무 집중한 나머지 깜박하는 경우가 많다. 따라서 조건을 만족시키기 위해서 우리가 해야 할 것은 '잊어버리지 말기'다. 박스를 치건, 별표를 치건 꼭 표시를 해두자. 답을 쓰고 나서 한 번 더 조건을 만족시켰는지 하나씩 검토해보자.

어떤 문제가 객관식으로 나오고 서술형으로 나올지는 시험문제를 출제하는 선생님을 제외하고는 아무도 모른다. 따라서 모든 문제가 서술형으로 나올 수 있다고 생각하고 정확하게 공부하면, 서술형에 어떤 문제가 나와도 당황하지 않고 풀 수 있으며 객관식을 푸는 속도가 현저하게 빨라질 것이다.

[사회]
내신 1등급의 비법, 비밀 개념 노트를 만들어라

사회는 한 단원 안에서도 새로운 개념과 용어가 마구 쏟아져 우리를 당혹스럽게 만든다. 시도 때도 없이 등장하는 개념과 용어들을 이해하고 암기하는 것이 사회 공부의 기본이자 또 대부분이라고 말할 수 있다. 아쉽게도 너무 많은 개념은 우리 뇌 속에서 체계 없이 뒤섞여버리기 십상이다. 또 비슷한 말들이며 헷갈리는 개념은 얼마나 많은지 문제를 풀려면 그 이론이 이 이론 같고, 이 이론은 그 이론 같아 곤욕을 치르곤 한다.

나 또한 고등학교 시절에 많은 이론을 한꺼번에 어떻게 암기할지에 대한 고민이 많았다. 수업시간 50분 동안 집중해서 사회 선생님들의 말씀을 들었지만, 하루에도 몇 개씩 쏟아지는 개념들을 머릿속에 모두 잡아두기가 힘들었다. 내신시험을 준비하며 펼쳐본 교과서는 '본 적은 있는데 기억은 나지 않는' 개념투성이였다. 나는 결국 쏟아지는 개념들을 정리해야 할 필요성을 느꼈고, 그렇게 나만의 개념 노트를 만들기 시작했다.

① 가시화: 눈으로 확인하는 개념 구조

내가 개념 노트를 만들 때 절대로 빠트리지 않았던 것은 '가시화(可視化)' 즉 '눈으로 볼 수 있게 만들기'다. 사회 과목은 보통 대단원부터 중단원, 소단원을 거쳐 한 개의 작은 개념까지 내려온다. 교과서나 참고서는 전문가들의 연구와 검토 끝에 만들어졌기 때문에 이렇게 정교하게 나누어 정리되어 있다. 하지만 한눈에 그 구조를 파악하는 것은 매우 힘들다. 새로운 개념들을 익히다 보면, 다음 개념으로 넘어가는 데 집중하여 전체적인 구조를 무시하게 되기 때문이다. 그래서 나는 이런 개념들의 구조를 눈에 보이게 하는 것, 즉 '가시화'를 가장 중요한 포인트로 잡았다.

그래서 항상 각 단원의 첫 페이지는 깔끔한 도표였다. 대단원 제목을 큼지막하게 적고, 갈라져 나오는 모양으로 중단원 제목들을 적었다. 그렇게 소단원을 거쳐 작은 개념까지 한 페이지에 개념들 간의 구조를 한눈에 볼 수 있도록 그려 놓았다. 세부적인 개념을 자세히 들여다보기 전에 큰 그림에서 개념을 조망하는 일은, 후에 수많은 개념 속에서 방향을 잃지 않도록 해주었다. 단원을 본격적으로 공부하기 전에 그리는 이 도표는 실제로 공부할 때 반복해서 확인해야 한다. 그 주기는 자기가 정하기 나름이지만, 내 경우 중단원 하나를 마칠 때마다 그 구조를 상기시키기 위해 도표를 보며 정리하는 시간을 가졌다. 이 도표에는 각 개념에 대한 자세한 설명이 없기 때문에, 내가 개념을 잘 이해하고 외웠는지를 확인하기에도 아주 유용했다.

② 나의 노트에는 수업이 담겨 있었다

　　많은 학생들이 노트를 만들라고 하면 참고서에 정리된 것을 그대로 옮겨 적는다. 참고서에 깔끔하게 잘 정리되어 있기 때문이다. 하지만 우리가 잊지 말아야 할 것은, 우리가 '내신'을 위한 공부를 하고 있다는 사실이다. 내신시험에서 좋은 점수를 받기 위해서는 출제자인 선생님의 정리를 따라가는 것이 더 효과적이다.

　　그래서 나는 참고서보다는 선생님이 나누어준 유인물을 최대한으로 활용했다. 사회라는 과목 자체에 많은 개념이 들어 있기 때문에, 선생님들도 수업을 용이하게 하기 위해 개념이 들어 있는 유인물을 나누어주는 경우가 많다. 나는 이 유인물을 노트 정리의 기본으로 삼았다. 꼭 유인물일 필요는 없다. 선생님이 교과서를 가지고 수업한다면 교과서를 최대한으로 활용하면 좋다. 핵심은 선생님이 수업하실 때 주로 사용하는 학습자료를 노트 정리의 주재료로 쓰는 것이다.

　　또 선생님이 설명했던 사례를 개념들 옆에 정리해두었다. 내신시험에 나오는 사례들은 거의 다 선생님이 수업시간에 똑같이 얘기한 것이거나 비슷한 게 대다수다. 따라서 단순히 '개념: 정의' 식으로 정리하지 말고, 포스트잇이나 다른 색깔의 펜으로 선생님이 들어준 예시를 꼼꼼히 옆에 적어두는 게 좋다.

　　열심히 노트 정리를 하는 다른 친구들의 노트와 내 노트의 차이를 한 문장으로 말하자면, 내 노트에는 수업이 들어 있었다. 내 노트를 보면 선생님의 수업이 마치 인강을 돌려 보는 것 같이 생생하게 펼쳐졌다. 마치 선생님의 강의 노트를 보는 것 같았다. 선생님이 사용하던 학습자료를 통해 기본 내용을 정리하고, 수업할 때 우리의 이해를 돕기 위해 들어주던 예시를 함께 정리했기 때문이다. 그리고 선생님이 강조한 내용이나 시간을 많이 투자했던 개념들은 특별히 더 눈에 띄게 표시해두었다.

[사회]
사회 과목 1등급, 분석하고 비교하라

앞서 말했던 나만의 개념 노트 만들기와 이어지는 내용이다. 다음 단계라고 생각해도 좋다. 개념 노트 만들기가 개념 자체에 대한 이해에 집중했다면, 이번에는 거기서 한 걸음 더 나아가는 일이다. 사회 과목에서 출제되는 문제 유형을 가만히 들여다보자. 문제를 푸는 데 한 개의 개념만 필요한 경우는 거의 없다. 있어도 낮은 점수가 배당된 문제일 확률이 높다. 높은 점수가 걸려 있는 문제들은 대부분 두 개, 혹은 그 이상의 개념들을 비교 분석하는 유형이다. 많은 학생들이 하나의 개념을 암기하고 그 개념을 '끝냈다'고 생각한다는 것을 선생님들도 알고 있다. 따라서 내신 사회에서 고득점을 원한다면 꼭 개념들을 비교하고 분석하는 단계까지 나아가야 한다.

스스로 개념들을 하나씩 공부했다면 대비되는 개념들이 눈에 보일 것이다. 갈등론과 기능론, 입헌군주제와 대통령제, 사바나 기후와 열대 우림 기후 같은 것들이 그 예시다. 각각의 개념 설명을 읽을 때는 무리 없이 이해되었겠지만, 막상 두 개가 어떤 기준으로 어떻게 같고 다른지를 한눈에 파악하기는 힘들다. 따라서 내신시험을 보기에 앞서 이런 개념들을 다시 한 번 비교해보는 연습이 필요하다.

비교, 분석을 한 번에 정리하는 표 만들기

비교 분석을 하는 데 가장 좋은 형식은 바로 '표'다. 표는 두 개념의 공통점과 차이점을 명확하게 나타내고, 그 차이를 한눈에 볼 수 있도록 해준다. 또한 두 개 혹은 그 이상의 개념들을 동시에 비교할 수 있어 편리하다.

개념을 비교 분석할 때 꼭 지켜야 하는 것이 바로 올바른 기준 설정이다. 학생들이 비교할 때 많이 범하는 오류가 바로 명확하지 않은 기준 설정이다. 쉬운 예를 들자면, '유리는 잘 깨진다'와 '플라스틱은 몸에 좋지 않다'로 서로 대조된다고 할 수 없다. 만약 둘의 차이점을 얘기하고 싶었다면 뒤의 명제가 '플라스틱은 깨지지 않는다'가 되거나, 앞의 문장이 '유리는 몸에 해가 되지 않는다'가 되어야 한다. 명확한 비교 기준이 없으면 그 비교는 어긋나게 되기 마련이다. 표의 맨 왼쪽 칸에 쓰이는 기준들은, 그 기준 하나에 맞추어 개념들을 비교하도록 해주기 때문에, 그러한 오류를 범하지 않도록 예방해주는 역할을 한다.

이렇게 표로 정리한 것은 시험 전날 밤이나 시험 직전에 아주 유용하게 사용할 수 있다. 나는 노트 뒤편에 비교 분석할 수 있는 개념들을 모두 표로 정리하는 연습을 했었다. 그러고 시험 전 날, 한 페이지에 표 하나를 큼직하게 그려 넣고, 모두 채우지 않고 개념들과 비교 기준들만 써

넣었다. 그다음에는 표를 스스로 채우는 연습을 했다. 몇 개의 표들을 채워 나가다 보면 내가 어떤 부분을 놓치고 있는지를 확인할 수 있다. 그렇게 채워 넣은 표들은 시험 직전 10분에 강력한 힘을 발휘한다. 줄글로 써진 게 아니라 표로 깔끔하게 도식화되어 있기 때문에 잠깐만 보아도 뇌 속에 오랫동안 남기 때문이다.

비교 분석을 연습하면 개념들 간의 공통점과 차이점을 분명히 알게 된다. 재미있는 사실은, 그렇게 하면서 각 개념 하나하나에 대한 이해도 역시 높아진다는 것이다. 사회에서 나오는 개념들은 다른 개념들과 비교되면서 그 의미가 더 구체화되고 명확해지기 때문이다. 사회 과목의 더 넓고 깊은 이해를 위해서 비교 분석은 꼭 필요한 과정이다.

[과학]
시험에 나오지 않는 내용은 과감히 버려라

중학생 때까지는 대부분의 학생이 수학과 영어만을 공부한다. 심지어 시험 기간에도 수학과 영어는 열심히 공부하지만 탐구나 다른 과목들은 별로 중요치 않게 여겨진다. 그러다가 고등학생이 되면서 탐구의 중요성을 알게 된다. 사실 고등학교 1학년 때의 과학은 중학교 3년 과학을 정리하고 아주 약간의 진도를 더 나간 것일 뿐이다. 그리고 당연히 2학년, 3학년 때의 과학은 중학교 내용을 알고 있다는 전제하에 배우게 된다. 하지만 중학교 때까지 과학을 제대로 공부를 해본 적이 없기 때문에 과학에 대한 지식이 별로 없다. 그렇다 보니 상대적으로 다른 과목보다 어렵게 느껴질 수밖에 없다. 즉 과학을 공부하는 데 다른 과목 못지않게 시간이 필요할 것이다. 여기서 한 번 고등학교 시간표를 살펴보자. 다음은 정말 평범한 지방 일반계 고등학교의 2학년 이과반 시간표이다.

	월	화	수	목	금
1교시	화학I	독서와 문법	운동	미적분II	미적분II
2교시	지구과학I-2	미적분II	중국어I	중국어I	음진B
3교시	생명과학II	중국어I	미적분II	화학I	음진B
4교시	물리I	물리I	영어II	영어II	독서와 문법
5교시	영어II	영어II	독서와 문법	음진A	영어II
6교시	독서와 문법	생명과학II	지구과학I-2	운동	독서
7교시	미적분II	자치		계발	계발

　　주요과목의 일주일 수업 시수를 세어보면 국어(독서와 문법) 4시간, 수학(미적분II) 5시간, 영어(영어II) 5시간, 과학(화학I+물리I+생명과학II+지구과학I-2) 8시간이다. 얼핏 보면 과학의 수업 시수가 다른 과목에 비해 월등히 많은 것처럼 보인다. 하지만 엄밀히 말하면 과학 시간이 8시간인 것이 아니라 과학'들' 각각의 시간이 2시간씩이다. 그리고 그 과학'들' 간에는 거의 연관되는 내용이 존재하지 않는다. 다른 과학 과목들은 아예 다른 과목이라고 보는 것이 맞고 과학 8시간보다는 화학 2시간, 물리 2시간, 생명과학 2시간, 지구과학 2시간을 배운다고 보는 것이 더 타당하다. 결국 모든 과목 중에서 각 과학 과목은 제일 적은 시간을 배당받은 것이다.

　　1학년 때는 과학의 네 가지 분야인 물리, 화학, 생명과학, 지구과학을 알짜배기만 합쳐 놓은 공통과학으로 하나만 배우기 때문에 다른 과목과 수업시간 비중이 비슷하다. 하지만 교과서의 두께는 다른 교과서보다 더 두껍다. 그리고 대부분의 학생들이 과학에 관한 공부를 해본 적이 거의 없어서 다른 익숙한 과목들에 비해 수업 진도를 나가는 데 시간이 부족하다. 그래서 건너뛰는 부분도 많고 간단하게 읽기만 하고 넘어가는 부분도 있는 등 책의 모든 부분을 깊이 있게 공부하지는 못한다.

2학년이 되면 상황은 더욱 심각해진다. 과학에 배정된 시간은 늘어나더라도 과목의 수가 3개에서 4개로 늘어난다. 학교마다 교육과정이 다르지만, 과학을 나눠서 가르치는 것은 같다. 한 과학 과목을 배우는 시간이 1/3, 1/4이 되어 한 과목당 2시간 정도가 된다. 여기서 중요한 점은 물리, 화학, 생명과학, 지구과학 모두 분량이 절대 공통과학보다 적은 것이 아니라는 점이다. 즉 같은 분량을 훨씬 적은 시간 만에 진도를 나가야 한다. 그러므로 선생님들은 1학년 때보다 훨씬 더 시험에 나올만한 알짜들만 가르치게 된다.

부족한 시간을 생각한다면 시험의 핵심이 보인다

따라서 과학은 선생님이 가르쳐준 정도만 공부하면 된다. 시간은 적고 양은 많으므로 선생님은 시험에 낼 만한 것들만 수업하기에도 벅차다. 교과서에 있는 내용이지만 실제 수능에서는 중요하지 않기 때문에 가르치지 않는 부분도 있다. 반대로 수능에 나오는 내용이지만 2학년이기 때문에, 즉 모두가 이 과목을 수능에서 응시하는 것은 아니기 때문에 가르치지 않고 언급만 하고 넘어가는 부분도 있다. 그러므로 선생님이 무엇을 중요시하고 무엇을 중요시하지 않는지를 모르면 괜히 수업시간에 다루지 않은, 어렵고 시험에도 나오지 않는 내용을 공부하느라 많은 시간을 쓰게 될 것이다. 앞에서 말했다시피 과학은 다른 과목에 비해 수업시간이 매우 부족하다. 그래서 선생님들은 정말 시험문제에 낼 만한 것들만 가르치게 된다. 수학이나 영어 등 다른 과목의 경우 선생님이 가르쳐준 200개 중 100개가 시험문제로 나온다면, 과학은 120개 중 100개가 나온다. 그래서 시험문제에 뭐가 나올지 알기 쉬운 과목이 과학이다.

과학의 경우 나는 내 정보력을 다 동원했다. 첫째, 수업시간에 최대한 졸지 않고 교과서며 프린트며 필기를 제대로 했고, 선생님이 중요하다고 한 것들은 다 표시해 놓았다. 둘째, 선생님이 넘어가는 듯한 느낌이 드는 부분에서는 바로 그 자리에서 '이거 시험에 나오나요? 너무 어려운데~?'라고 여쭤보았다. 또는 시험 기간이 다가오면 여쭤봐서 시험에 나오는지 안 나오는지를 구분했다. 구분이 정말 어려운 경우에는 만약의 사태를 대비해 공부를 했다. 셋째, 방과후수업은 꼭 과학 과목들을 신청해서 들었다. 앞에서 말했다시피 과학 시간이 가장 부족하다 보니 선생님들은 방과후수업에서 본 수업 때 제대로 짚고 넘어가지 못한 것들을 짚어준다. 또 어차피 선생님들은 자신이 중요하다고 생각하는 것을 본 수업에서든 방과후수업에서든 가르치기 때문에 방과후수업을 들으면 선생님이 무엇을 중요시하는지 확실히 알 수 있다. 방과후수업이 좋은 또 하나의 이유는 본 수업 때 하지 못한 문제나 정리 자료를 나눠주기 때문이다. 이 자료를 유심히 살펴보면 선생님의 출제 경향을 알기 쉽다.

[과학]
교과서 한 페이지보다 나만의 한 줄 노트를 정리하라

교과서는 줄글로 되어 있다. 그래서 공부하다 보면 교과서를 정독하는 데 엄청난 시간이 소모된다. 또 줄글로 되어 있다 보니 핵심이 무엇인지 잘 정리되지 않는다. 물론 내용이 정리된 자료들은 많다. 많은 선생님이 내용을 정리한 인쇄물을 나눠주고, 시중의 많은 자습서나 문제집에도 내용이 잘 정리되어 있다. 하지만 이것들이 최고는 아니다. 왜냐하면 시중에 있는 정리들은 우리 학교 선생님이 강조한 부분과 방향이 다를 수도 있고 학교 프린트는 내가 보기에 최적화되어 있는 것이 아니기 때문이다. 그래서 우리는 자신이 헷갈리거나 모르는 부분이 강조되어 있고, 선생님이 강조한 내용이 내가 보기 편한 방식으로 정리되어 있는 나만의 노트를 만들어야 한다. 그렇게 하면 교과서와 선생님이 강조하고, 내가 모르는 것들까지 한 번에 볼 수 있기 때문에 훨씬 더 효율적으로 공부할 수 있다. 노트 정리라고 해서 부담가질 필요도, 화려해야 할 필요도 없다. 단지 나만 알아볼 수 있으면 충분하다. 어렸을 때부터 글씨를 못 써서 내 노트는 정말 아무도 알아볼 수 없을 정도로 깨끗하지 못했지만, 나한테는 충분히 좋은 정리 노트였다. 그럼 과연 어떻게 정리 노트를 만들어야 잘 만들었다고 소문이 날까?

아무도 보지 않기에 부담 없는 나만의 노트

나는 정말 글씨를 못 쓴다. 지금이야 글씨를 못 써도 고치라고 꾸지람을 받지는 않지만, 초등학교 때는 글쓰기를 할 때마다 담임 선생님께 꾸지람을 들었다. 친구들에게는 글씨를 못 쓴다고 자주 놀림을 받기도 했었고 그럴 때마다 '천재는 악필이야!'라며 받아치고는 했다. 고등학생이 돼서는 글씨를 못 쓰는 것이 공부하는 데 단점이었던 적이 종종 있었다. 내 글씨를 못 알아봐서 틀리거나 맞더라도 나중에 다시 볼 때 어떻게 풀었는지 알 수 없는 경우가 있었다. 하지만 조금 신경을 써서 너무 많이 날려 쓰지 않도록 했더니 한눈에 알아볼 수 있는, 충분히 좋은 노트가 되었다.

노트 정리를 하다 보니 얻게 된 노하우가 있다. 첫째로 꼭 볼펜을 사용할 필요는 없다는 점이다. 물론 볼펜이 번지지 않고 깔끔하게 정리할 수 있지만, 샤프로는 글씨를 잘 쓰는데 볼펜으로는 잘 못 쓰는 사람들도 가끔 있다. 그렇다면 억지로 볼펜을 사용할 필요는 없다. 둘째로 전체 정리는 검은색으로 하고, 강조해야 할 중요 내용은 색깔 볼펜을 사용하자. 단 자신만의 규칙을 정하라. 예를 들어 선생님이 언급한 것은 파란색, 선생님이 언급하고 문제집이나 자습서에도 중요시한 것은 빨간색 식이다. 많은 색을 사용한 화려한 노트가 아니라 최소한의 색을 사용해 눈 아프지 않게 정리한 노트가 훨씬 더 좋다. 또 도형을 이용하는 것도 좋은 방법이다. 동그라미, 네모, 세모 등에 자신만의 의미를 부여해서 표시해도 좋다. 셋째로는 짧고 간결하게 정리하자. 종종 노트 정리한다고 하는 친구를 보면 정리한 분량이 오히려 프린트나 문제집보다 많을 때도 있다. 보기 좋게 핵심만 정리하도록 하자.

단언컨대, 한 줄이면 충분하다

과학 내용 정리의 경우에는 전체적으로 앞에서 말한 것을 포함해서 다른 과목과 비슷하게 하면 된다. 중요한 것은 모르는 내용만 따로 정리하는 노트를 만드는 것이다. 공부하다가 계속 헷갈리는 내용이나 선생님이 정말 나온다고 한 내용, 문제를 풀다가 틀린 내용을 나는 노트에 한 줄씩 적었다.

DNA = 2중 나선 구조 + 상보적 결합(A, G, C, T)

먹이 그물 = 먹이 연쇄 + 먹이 연쇄 + 먹이 연쇄 ···

체세포 분열 = 전기 → 중기 → 후기 → 말기 세포질 만입(동물 세포)

세포판 형성(식물 세포)

내용 정리를 전체적으로 모두 하지 않아도 된다. 내용의 순서가 뒤죽박죽이어도 상관없다. 중요한 것은 내가 헷갈리는 내용, 선생님이 강조한 내용, 문제를 풀다가 틀린 내용에 대해서만은 잘 정리하는 것이다. 이렇게 한 줄 정리를 해놓으면 나중에 시험 보기 전에 쓸데없는 내용 없이 알짜만 보기 편하다. 화려하지 않아도, 너무 길지 않아도 좋다. 간단하게 정리하는 것이 오히려 더 효율적이다. 한 줄이면 충분히 모든 내용을 담을 수 있다.

모의고사를 본 후 반드시 지켜야 할 7가지

모의고사를 대하는 우리의 자세

1. 모의고사는 내가 잘하고 있는지 점검할 수 있는 좋은 기회다.

고3이 되면 매달 1번씩 모의고사를 본다. 수능이 가까워져 오면 한 달에 2번을 보기도 한다. 쉴 틈이 없는 일정에 모의고사를 보는 것이 싫을 법도 하다. 하지만 모의고사는 자신이 평소에 부족한 부분을 테스트해볼 수 있는 기회이기도 하다. 시간 관리 방법, 실수하지 않기 등 모의고사를 통해 발전시킬 수 있는 부분이 많다.

2. 모의고사를 볼 때의 긴장감에 익숙해져라.

수능 보기 전의 긴장감을 미리 경험해볼 수 있는 흔치 않은 기회다. 긴장하지 않는다면, 긴장할 수 있도록 스스로 최면을 걸어야 한다. 모의고사 때마다 실전처럼 행동해야 당일에 긴장하여 실수하지 않는다.

3. 모의고사를 풀 때는 정말 최선을 다하자.

'연습은 실전처럼, 실전은 연습처럼'이라는 말이 있지 않은가. 연습이라고 설렁설렁 문제를 푼다면 실전에 엄청난 부담감이 엄습해올 것이다. 어차피 모의고사를 보는 날은 다른 공부를 하지도 못한다. 실전 수능에서처럼 풀어야 실전 수능에서 예기치 못하게 발생하는 일에 적절히 대응할 수 있다.

4. 하지만 모의고사는 모의고사일 뿐, 좌절하지 말자.

어쨌든 모의고사는 연습 게임일 뿐이다. 점수에 울고 웃기보다는 실전에서 잘 해내기 위한 전략을 세우는 데 집중해야 한다. 모의고사를 볼 때마다 이번 모의고사에서 자신이 꼭 달성했으면 하는 것들을 목표로 세우고 그것만 잘 달성하자. 문제 잘 읽기, 급하게 풀지 않기 등 자신이 가지고 있는 좋지 않은 습관들을 고치는 목표를 세우면 좋다.

모의고사를 본 날 저녁에 꼭 해야 하는 일들

1. 오답 체크는 확실하게 해야 한다.

꼭 그날 저녁에 해야 한다. 하루를 미루면 절대로 안 한다. 그렇게 틀린 문제를 다시 확인하지 않으면 시험을 50%도 활용하지 못한 것이다. 문제를 틀린 이유는 무엇인지, 정답의 근거는 무엇인지 꼭 확인하자. 단, 사설 모의고사에서 정답의 근거에 대해서 지나치게 신경 쓸 필요는 없다. 사설 모의고사와 수능은 절대 다르다.

2. 효율적으로 오답 체크를 해야 한다.

문제를 모두 옮겨 쓰거나 전부 스크랩을 할 필요는 없다. 확실하게 하되 효율적으로 하자. 과도하게 많은 시간을 투자하는 것은 오히려 독이 될 수 있다. 딱 모의고사를 본 날 저녁에만 모든 것을 하자. 그 이후에는 평가원 모의고사 이외의 모의고사는 절대로 보지 않아야 한다.

3. 실수를 파악하고 정리해야 한다.

모의고사를 보면 내가 자주 범하는 실수를 알 수 있다. 옳지 않은 것을 골라야 하는데 옳은 것을 고르거나, 자꾸 계산 실수를 하는 것이 그 예다. 이런 것을 파악하고 다음 모의고사에서는 그 실수를 하지 않도록 연습해야 한다.

수시 70%
정시 30% 시대의
공부법을
부탁해

Part5

정시 전형 30%, 긴장의 끈을 놓지 마라

01

기출문제만큼 좋은 문제는 없다

수능은 '수학능력시험'의 줄임말이다. 즉 수능은 학생들이 배울 수 있는 능력(修學能力)을 가지고 있는지 아닌지를 판별해내기 위한 시험이다. 내신시험의 성격과는 사뭇 다르다. 최근에 내신 문제가 수능과 유사하게 출제된다고는 하지만 내신시험은 학생들이 배운 것을 잘 기억하고 있는지 아닌지를 판단하기 위한 시험이다. 배운 것을 확인하는 시험과 배울 수 있는 능력을 확인하는 시험은 확연한 차이가 있다. 배운 것을 확인하는 시험은 수업 내용을 학생들이 얼마나 잘 기억하고 있는지에 초점이 맞춰져 있다. 시험문제도 수업시간에 배운 내용을 바탕으로 출제된다. 내신시험에서 '암기'가 중요하다고 말하는 이유이기도 하다.

반면에 배울 수 있는 능력을 시험하는 문제는 주어진 문제 상황을 얼마나 잘 판단하고 해결하는지에 초점이 맞추어져 있다. 내신시험에 나오는 문제가 배운 것을 기반으로 출제되는 것과는 다르게 수능에서는 학생들의 수학 능력을 시험하기 위한 상황을 기반으로 출제된다. 쉽게 말하자면, 학생들을 '당황'시키고 '긴장'시키는 상황을 일부러 만드는 것이다. 어떤 내용을 담은 문제가 나올지 쉽게 예상할 수 없을 뿐더러 알더라도 대비할 수 없다. 배울 수 있는 능력이 없다면 문제를 오랜 시간 동안 풀어도 정답을 맞힐 수가 없다.

수능의 현실적인 목적 2가지: 적절한 난도, 등급 나누기

수능의 최우선적인 목적이 '학생의 배울 수 있는 능력을 평가하는 것'이라면, 현실적인 목적은 '적절한 난도로 출제하고, 학생들의 등급을 나누는 것'이다. 수학능력시험 결과가 곧 대학 입학과 직결되어 있기 때문이다. 수능문제를 출제하는 한국교육과정평가원은 학생들이 수능에서 우수한 성적을 받기 위해 과도한 사교육을 받지 않기를 바라고 있다. 따라서 사교육을 조장할 수 있을 정도로 지나치게 어렵게 출제해서는 안 되지만, 자칫 난도 조절에 실패하여 쉬운 문제들만 출제된다면 학생들의 등급을 적절히 나눌 수 없다. 학생들의 등급을 적절히 나눌 수 없게 되면 대학 입학 지원에 혼란을 주게 된다. 그런데 이 '어렵고 쉬움'은 칼로 자르듯 판단할 수 없으며, 학생들이 얼마나 공부를 했는지에 따라 언제든지 바뀔 수 있다. 갓 구구단을 배운 초등학생들에게 구구단이 지상 최대의 난제일 수 있지만 중학생들에게는 기본인 것처럼 말이다.

시험의 난도는 시험을 직접 치른 학생들만이 평가할 수 있다. 그렇다면 시험문제를 내는 기관이 어떻게 난도를 조절하는 것이 가능할까? 한국교육과정평가원은 1995년부터 수능문제를 출제해오고 있으며 적절한 난도로 문제를 출제하려 노력하고 있고, 난도 조절 계획에 따른 문제들을 출제해오고 있다. 적절한 난도로 문제를 출제할 수 있는 이유는 1995년부터 쌓아온 데이터 덕분이다. 한국교육과정평가원은 학생들을 긴장시키고 당황하게 만드는 문제 유형의 데이터들을 축적해왔다. 특정한 유형으로 문제를 출제하면 대부분의 학생들은 틀리게 되는 상황을 모두 파악하고 있는 것이다. 따라서 오답률이 높은 문제 유형이 보통보다 많이 나오면 학생들은 어렵다고 느끼게 되고, 적게 나오면 쉽다고 느끼게 된다.

더도 말고 덜도 말고, 기출문제만큼만 공부하자

이처럼 한국교육과정평가원은 학생들이 어려워하는 문제 유형을 알고 있고, 어려운 문제 유형의 수에 따라 시험의 난도가 결정된다. 그렇다면 오히려 수능에서 고득점을 받는 방법은 쉽다. 수능에서 자주 출제되는 문제 유형마다 문제를 해결하는 데 필요한 사고력과 기술을 기르면 된다. 수능문제를 푸는 데 필요한 사고력과 기술은 한국교육과정평가원에서 출제한 6월, 9월 모의평가 기출문제와 수능 기출문제를 통해서만 기를 수 있다. 사설 모의고사나 시교육청 문제로는 절대 기를 수가 없다. 한국교육과정평가원이 문제를 출제하는 방식과 사설 학원이나 교육청에서 문제를 출제하는 방식은 비교할 수 없을 만큼 차이가 나기 때문이다. 특히 사설학원 모의고사의 경우 수많은 문제들을 보관하고 보관 중인 문제 중 적절하게 출제한다. 이른바 '문제은행'식 출제다. 6월, 9월 모의평가 때는 성적이 잘 나오는 사람이 사설모의고사에서는 성적이 들쭉날쭉 하는 이유도 출제 방식이 완전히 다르기 때문이다. 나도 사설모의고사에서는 수능이나 6월, 9월 모의평가만큼 성적이 잘 나온 적이 없었다. 그리고 사설모의고사 성적표가 나오면 그 자리에서 찢어버렸다. 사설모의고사에서 받은 성적 때문에 자신감도 떨어지고 불안해지는 사람이 없길 바란다.

그렇다면 기출문제는 어떻게 공부해야 하는 것일까. 수능에서 고득점을 받은 학생들은 수능 공부법 노하우를 말할 때 항상 '정답과 오답의 근거'를 확실히 찾으라고 말한다. 한국교육과정평가원이 출제하는 유형을 파악하기 위해서 반드시 필요한 과정이 '정답과 오답의 근거'를 파악하는 것이기 때문이다. 수능에서 고득점을 받는 사람과 받지 못하는 사람의 차이는 정답과 오답의 근거를 얼마나 정확하게 파악하고 있으며, 파악한 내용을 실제 시험에서 얼마나 잘 적용하느냐에 있다. 특히 국어 영역과 영어 영역에서 정답과 오답의 근거를 잘 파악할 수 있어야 한다. 국어 영역과 영어 영역은 주어진 글을 읽고 문제에서 요구하는 답을 찾아야 하는데 답의 힌트가 주어진 글 속에 들어 있기 때문이다. 정답과 오답의 근거를 파악하며 공부하다 보면, 선택지를 어떻게 만드는지 파악할 수 있다. 또한 오답을 만들어내는 방법이 어떠한지를 파악할 수 있다.

수학 영역은 정답과 오답의 근거를 따질 수 있는 과목이 아니다. 수학 영역을 공부할 때는 정답과 오답의 근거를 파악하는 것이 아니라 기출문제 유형을 정확히 파악하고 제대로 풀 수 있도록 해야 한다. 이미 공개되어 있는 기출문제만 다 풀 수 있어도 80점은 맞을 수 있다. 따라서 기출문제를 풀지 않고서 다른 문제집을 풀려고 하는 학생들은 반성해야 한다.

탐구 영역에서는 '개념어'와 '자료'가 중요하다. 기출문제에서 언급되었던 개념어들을 완벽히 숙지하는 것이 기초이며, 공부할 때마다 새롭게 알게 되는 개념어들은 따로 정리해서 숙지할 수 있도록 해야 한다. 또한 탐구 영역은 문제마다 자료가 주어지는데 기출문제에서 활용된 자료만큼은 꼼꼼히 공부해야 한다.

02

문제 풀이의 첫 단추, 출제자의 의도 파악하기

모의고사에서 고득점을 내는 학생들이 문제를 풀 때 절대 빠트리지 않는 과정이 있다. 바로 출제자의 의도 파악이다. 그게 의식적이든 무의식적이든 상관없이 말이다. 출제자의 의도라는 게 사실 들리는 것만큼 그렇게 거창한 건 아니다. 예컨대 이런 과정이다. '아, 이 문제는 삼차함수를 사용하도록 한 문제구나. 이 〈보기〉는 주어와 동사의 수가 일치하는지 확인하라는 것이구나. 이 문제는 지문에 나온 경제 원리에 대입해보며 풀어야 하는구나.' 여기서 알 수 있듯이 출제자의 의도를 파악하는 것은 문제를 어떻게 푸는지 아는 것과 연결된다.

출제자의 의도를 알아차리는 것은, 정답으로 가는 여러 개의 길 중 가장 빠른 길이 무엇인지를 찾는 것과 같다. 수능모의고사는 제한된 시간 안에 빠르고 정확하게 문제를 푸는 것을 요구하는 시험이다. 따라서 한 문제 한 문제 정답으로 가는 지름길을 알고 푼다면, 점차 누적되어 결과적으로 엄청난 차이를 낳게 될 것이다.

문제들은 기계가 낸 것처럼 딱딱하고 형식적인 말투를 가지고 있지만, 결코 기계가 만들어낸 것이 아니다. 그 뒤에는 결국 사람이 있다. 문제를 내기 위해 연구하고 고민한 출제자가 있다는 말이다. 실제 수능이나 모의고사를 출제하는 교수님들의 말씀을 들어보면, 한 문제를 만드는 데 며칠씩 걸리기도 한다고 한다. 문제 한 줄, 〈보기〉 하나에도 그들의 고민과 의도가 담겨 있는 것이다. 게다가 여러 번의 검토를 통해 의도에 맞게 접근한다면 예외나 복수 정답 없이 답으로 깔끔하게 이어질 수 있도록 문제를 만든다. 따라서 우리는 문제를 딱딱한 문장으로만 볼 것이 아니라, 그 뒤에 살아 숨 쉬고 있는 의도를 파악해야 한다.

출제자의 의도를 파악하는 것은 한 순간에 이루어지지 않는다. 많은 연습을 필요로 한다. 연습의 시작은 출제자의 입장에서 생각해보는 일이다.

국어 영역: 출제자는 학생들이 지문을 어떻게 읽기를 원하는가?

국어는 화법·작문 부분을 제외한 비문학과 문학에서는 보통 지문 하나당 3~5개의 문제가 출제된다. 출제자들이 고심 끝에 만든 네 개의 문제는, 학생들이 지문을 읽을 때 그 문제들을 풀 수 있을 정도로 이해하길 기대한다는 것과 같다. 그렇기 때문에 그 문제들은 단순히 문제가 아니다. 지문을 어떻게 읽어야 할지에 대한 이정표와 같은 것이다.

만약 비문학 문제에서 밑줄 친 ㉠과 ㉡을 비교하라고 했다면, 지문을 읽을 때 ㉠과 ㉡의 공통점과 차이점에 주목하면서 읽어야 한다. 문제에서 (나) 문단을 참고하여 〈보기〉의 사례에 대해 설명한 것으로 옳은 것을 물었다면, (나) 문단에 나온 원리나 이론을 읽을 때 집중해서 봐야 한다. 다시 읽어도 되지 않도록 간단히 메모해두는 것도 좋다. 예를 들어 문학 문제에서 '꽃'에 대한 설명으로 옳지 않은 것이 무엇인지 고르라고 했다면, 작품을 읽을 때 꽃이 가진 의미를 생각하며 읽어야 한다. 〈보기〉에 작품이 쓰였던 시기의 시대적 배경이 나왔다면, 시대적 배경을 염두에 두고 지문을 읽어나가야 한다.

수학 영역: 말을 의도한 식으로 바꾸자

수학은 타 영역에 비해 출제자의 의도가 명확히 드러나는 과목이다. 특히 상대적으로 단순한 2점짜리 문제들은 출제자의 '숨은' 의도랄 것도 없이 숫자로 이루어진 식을 알맞은 방법으로 풀어내기만 하면 된다. 하지만 3점짜리, 4점짜리로 가면서 점점 질문의 길이가 늘어나고 복잡해지기 시작한다. 이때 출제자의 의도를 파악하는 접근법이 아주 중요하다. 질문의 '말'을 적절하게 '식'으로 바꿀 수 있어야 한다. 그 긴 문제에 단 한 글자도 허투루 들어가지 않기 때문이다. 모든 단어들은 어떤 조건을 더해주거나, 함정이 되거나, 식을 세울 때 도움이 될 수 있도록 그 자리에 있는 것이다. 따라서 출제자의 입장이 되어 문제가 요구하는 조건들이 무엇인지, 출제자가 문제에서 주고 있는 힌트는 무엇인지를 찾아야 한다.

영어 영역: 빈칸과 밑줄에는 이유가 있다

영어 영역에서 어려운 문제라고 여겨지는 어휘·어법 문제나 빈칸 추론 문제도 출제자의 의도를 읽으며 접근하면 쉽다. 어법 선택 문제에서, 밑줄 친 ①~⑤번은 무작위로 선택된 단어들이 아니다. 출제자들은 각각의 선택지에서 학생들이 무언가를 확인해보고 '옳다,' '아니다'를 판단하기를 바란다. 예컨대 〈보기〉 ①이 'have respected'라면, 학생들이 현재완료 용법에 대한 지식을 통해 적절한지를 판단하라고 요구하는 것이다. 그렇다면 출제자의 의도를 파악하는 연습은 어떻게 해야 할까? 만약 〈보기〉 ②가 is였다고 해보자. is를 그저 글자 'i, s' 혹은 우리나라 말로 '~이다'로 인식하면 안 된다. 그 너머에 출제자가 is에 밑줄을 그은 이유가 무엇인지를 생각해봐야 한다. 'is'는 주어가 삼인칭이며 단수이고, 시제가 현재일 때 사용되는 be 동사이다. 그렇다면 is가 옳게 쓰였는지 확인하기 위해서는 is의 주어를 찾아 조건에 부합하는지 확인해야 한다. 하지만 생각해보자. is 바로 앞에 주어가 명확하고 단순하게 나와 있다면 출제자들은 is에 밑줄을 긋지 않았을 것이다. 주어가 단순하지 않고 복잡하기 때문에 학생들이 자신의 지식을 활용해 옳은지 '판단'하게끔 한 것이다. 이럴 경우 주어를 찾을 때 함정은 없는지 확인하며 가야 한다.

영어 영역의 지문에서 빈칸을 뚫을 때, 출제자는 결코 아무 문장이나 선택하지 않는다. 확실한 근거를 통해 그 자리에 '들어가야만 하는 문장이나 단어'를 빈칸으로 만든다. 따라서 빈칸에 들어갈 문장 혹은 단어를 골라야 한다면 지문에서 근거를 찾는 것에 주목해야 한다. 출제자가 의도했던 이 빈칸의 '근거'는 무엇일까를 생각하며 지문을 읽어야 한다.

　처음에는 출제자의 의도를 파악하는 일이 그리 쉽지 않을 것이다. 명확히 드러나지 않고 숨겨져 있기 때문이다. 모의고사를 풀면서 의식적으로 연습을 반복해야만 한다. 그렇게 출제자의 입장에서 생각해보는 연습을 하면, 어느 순간 의식하지 않아도 자연스럽게 의도를 파악하는 자신을 볼 수 있을 것이다. 어느새 '이건 학생들이 ③번으로 답을 착각하게 만든 것이구나.'까지 눈에 보이는 지경에 이를 수 있을 것이다.

　하지만 명심해야 할 것이 있다. 출제자의 입장에서 문제를 바라볼 수 있으려면 해당 문제를 풀기 위한 지식이 있어야 한다. 출제자가 요구하는 부분에 대한 지식이 없으면, 출제자의 의도를 절대 알아차릴 수 없다. 그냥 글자 그 이상도 이하도 아닌 게 되는 것이다. 출제자의 의도를 파악하는 것은 빠르게 정답으로 가기 위한 일종의 잔머리지만, 탄탄한 지식이 기반이 되어야 하는 어려운 잔머리임을 잊지 말자.

[국어]
문학작품을 몰라도 정답은 맞힐 수 있다

대체로 학생들은 문학 문제를 어려워한다. 지금 이 책을 읽고 있는 여러분도 문학 문제 때문에 위아래로 요동치는 점수와 등급 때문에 고민일 것이다. 사실 문학은 누구에게나 어렵다. 국어국문학, 영어영문학처럼 문학을 전문적으로 배우는 대학생들에게도, 문학을 가르치는 교수들에게도 어렵다. 문학은 작품을 이해할 수 있을 만큼의 경험과 생각하는 능력이 뒷받침되어야 하고 경험과 생각하는 능력에 따라 같은 작품도 다르게 해석하고 감상하게 되기 때문이다. 특히 우리나라에서 중학교를 다니며 내신시험을 통해 문학을 공부한 학생들에게 문학은 어려울 수밖에 없다. 중학교 내신시험을 위한 문학 공부는 선생님의 말씀을 빛의 속도로 받아 적고, 무작정 외우기만 하면 고득점을 받을 수 있기 때문이다.

작품을 몰라도 정답은 맞힐 수 있다

수험생들이 문학 문제에 유독 약한 이유는 문학 문제가 '정답'이 있는 객관식 문제이기 때문이다. 사실 문학 해석에 '정답'은 없다. 하나의 작품에 다양한 해석이 있고 모든 해석이 하나의 답이 되고, 더 인정받는 해석은 있을지언정 모든 사람들이 따라야 하는 정답이란 것은 없다. 그나마 내신시험에서는 학교에서 수업하는 선생님의 말씀이 곧 정답이었다. 그러나 수능은 누군가의 수업을 확인하는 시험이 아니라 새롭게 주어지는 내용과 문제에 적절하게 대응하고 적합한 정답을 찾는 능력을 요구하는 시험이다.

문학작품 해석에 '정답'이 없기 때문에 하나의 문학 지문에 달려 나오는 3~4개 문제 중 2~3개 문제는 문학작품을 전혀 몰라도 정답을 맞힐 수 있다. 2~3개 문제는 눈으로 찾아서 정답과 오답을 판단할 수 있는 문제가 출제되기 때문이다. 예를 들어 비유법의 사용, 문장의 구조, 단어의 사용처럼 집중만 한다면 누구라도 맞힐 수 있는 문제가 출제된다. 나머지 1~2개 문제가 작품을 해석하는 문제인데, 해석에는 정답이 없기 때문에 반드시 〈보기〉가 주어진다. 〈보기〉가 작품을 해석하는 틀이 되고, 정답과 오답의 근거는 〈보기〉에서만 찾아야 한다. 따라서 어떤 선택지가 아무리 논리적으로 적합한 말이라고 하더라도 〈보기〉 내용과 상관이 없으면 옳지 않은 선택지가 된다. 그래서 문학작품에 대한 배경지식이 문제를 푸는 데 오히려 독이 될 수 있다. 이것이 〈보기〉를 활용하는 방법을 익히기 위해서 기출문제를 통해 정답과 오답의 근거를 제대로 찾는 연습을 해야 하는 이유다.

개념어를 먼저 공부해야 한다

40. (가), (나)의 표현 방식에 대한 설명으로 가장 적절한 것은?

① (가)와 달리 (나)에서는 **연쇄와 반복**을 통해 **리듬감**이 나타나고 있다.

② (나)와 달리 (가)에서는 **설의적인 표현**을 통해 안타까움의 정서가 강조되고 있다.

③ (나)와 달리 (가)에서는 **직유의 방식**을 통해 대상의 이미지가 선명하게 드러나고 있다.

④ (가), (나)에서는 모두 **색채어**를 통해 대상의 면모가 강조되고 있다.

⑤ (가), (나)에서는 모두 과거와 현재의 대비를 통해 **시상의 전환**이 이루어지고 있다.

(2016 수능 국어 B형)

이 문제에서 굵은 글씨로 표현된 개념어를 이해하지 못하면 절대 문제를 풀 수 없다. 개념어를 정확히 안다면 정답과 오답을 충분히 판단할 수 있는 문제다. 문학 문제 중에 3/4이 이와 같이 개념을 안다면 눈으로 확인하여 풀 수 있는 문제다. 따라서 문학작품을 외우려고 하지 말고, 기출 문제를 통해 자신이 알지 못하는 개념어들을 섭렵해야 한다. 그리고 각 개념어들이 어떻게 작품에서 실제로 표현되는지를 확실히 알아둔다면 개념어들을 판단하는 문제는 오히려 쉬운 문제로 분류되기 마련이다. 즉 문학작품을 몰라도 정답은 맞힐 수 있다.

현대시는 화자가 처한 상황과 정서, 고전시가는 고어 숙지부터

개념어를 완벽히 학습했다고 생각된다면 이제 다양한 작품을 '감상' 해야 한다. 절대로 외우면 안 된다. 작품 감상에 있어서 가장 어려운 장르가 시다. 함축적이고 비유적인 표현들 속에 쉽지 않은 의미들이 감추어져 있기 때문이다. 시를 쓰는 사람도 짧은 글 속에 자신이 느끼고 경험한 바를 녹이기 위해 긴 시간을 고민한다. 그래서 소설이나 수필을 읽듯이 빠르게 읽어서는 제대로 된 뜻을 유추하기 어렵다. 특히 현대시는 하루에도 셀 수 없이 많은 시들이 나오고 있고, 주제와 소재도 다양해서 화자가 어떤 의미로 소재를 배치했으며 비유의 의미가 무엇인지 단번에 알기 어렵다. 그래서 현대시를 공부할 때는 작가가 어떤 상황에서 어떤 감정을 느끼고 표현했는지를 포착할 수 있는 실력을 연습을 통해 길러야 한다.

하지만 단번에 화자의 마음을 읽는 단계에 이를 수 없기 때문에 가장 초보적인 방법부터 시작해야 한다. 첫 번째로 시의 전체적인 분위기가 긍정적인지 부정적인지를 판단해야 한다. 시는 화자의 감정을 표현하는 도구이기 때문에 도드라지는 분위기가 만들어지기 마련이다. 주로 쓰이는 형용사나 부사를 통해서 시의 전체적인 분위기를 쉽게 파악할 수 있다. 두 번째로는 주로 쓰이는 시어가 무엇인지 살피고, 시어를 꾸미는 말들이 하강, 상승과 같은 이미지를 만들어내고 있는지를 살펴야 한다. 주로 쓰이는 시어는 화자의 마음을 가장 잘 대변해주는 소재다. 시인의 생각이 가장 잘 담겨 있기도 하기 때문에 주제 파악을 위해 반드시 확인해야 한다. 세 번째는 배경지식을 활용해야 한다. 배경지식을 따로 찾는 게 아니라 문제집이나 기출문제에서 활용된 〈보기〉를 공부하면 된다. 단, 공부한 내용을 절대적인 정답으로 오해해서는 안 된다. 문학에는 절대적인 정답이 없기 때문이다.

고전시가에서도 현대시에서와 마찬가지로 작가가 어떤 상황에서 어떤 감정을 표현했는지를 파악해야 한다. 하지만 그에 앞서 고전시가를 읽기 위해서는 자주 나오는 한국 고어를 알아야 한다. 아주 어려운 표현은 주석으로 달아주기 때문에 참고할 수 있지만 기본적인 표현은 시험에서 참고할 수 있는 자료가 없으니 미리 숙지해둬야 한다.

어와동량재(棟梁材)룰뎌리ㅎ야어이홀고
헐쓰더기운집의의논(議論)도하도할샤
뭇목수고자(庫子) 자 들고허둥대다말려ᄂ다

-정철- (2016 수능 국어 B형)

‘ㅎ’를 ‘하’로 읽을 수 있어야 하고 ‘어이홀고’를 ‘어찌할까’로 읽을 수 있어야 한다. 자주 쓰이는 표현을 자신의 노트에 따로 정리해두는 것을 추천한다.

소설 구성의 3요소(인물, 사건, 배경)에 집중하자

시에 비해 소설은 공부할 때 쉬어가며 공부할 수 있는 부분이다. 수험생은 하루 15시간이 넘는 시간 동안 공부를 한다. 15시간 전부를 완전히 집중하면 뇌는 과부하가 걸릴 것이다. 따라서 공부하면서도 쉬어갈 수 있는 시간을 마련해주면 좋은데 소설 공부가 쉴 수 있는 시간이 된다. 소설을 '작품'이 아니라 '누군가의 이야기'라고 생각한다면 소설을 즐겁고 정확하게 감상할 수 있다. 이야기에는 '인물, 사건, 배경'이 반드시 들어가 있다. 여러분이 친구들과 즐겁게 떠들 수 있는 이야기도 마찬가지다. 친구들과 하는 이야기가 특히 더 재밌는 것은 이야기의 주인공이 '우리'일 뿐만 아니라 친구들이 공감할 수 있는 '사건'이 벌어졌기 때문이다. 인물과 사건 이외에도 소설을 재미있게 만들어주는 것은 사건이 일어난 배경이다. 뻔한 사건이라도 '배경'이 달라지면 전달하고자 하는 메시지와 소설 속 분위기가 달라진다. 예를 들어 파자마 파티라는 배경에서는 잠옷이 아주 자연스럽지만 결혼식에서 잠옷을 입는다면 매우 특별한 사건이 된다.

고전 소설이라면 특히 인물에 주목해야 한다. '같은' 인물을 '다른' 이름으로 지칭하기 때문이다. 홍길동이 '홍 판서'가 될 수도 있고, '홍 대감'이 될 수도 있으며, '죄인'이 될 수도 있다. 따라서 고전 소설을 읽을 때는 인물마다 특정한 표시(○, △, □)를 해두고 '다른 이름'으로 지칭될 때마다 정한 모양으로 표시를 하면서 읽어야 헷갈리지 않다. 시험을 출제하는 사람들도 학생들이 이와 같이 한 인물이 다르게 불리는 상황을 어려워 한다는 것을 알고 있다. 그래서 문제에서 학생들이 틀리기 쉽게 함정을 만들어 놓는다.

[국어]
비문학 지문 속 퍼즐을 맞추어라

수능에 출제되는 비문학 지문은 내용이 쉽지 않을 뿐더러 글자 수도 1,000자 내외 정도로 상당히 길다. 그래서 비문학 문제는 길고 어려운 지문을 정확히 읽어낼 수 있는지가 중요하다. 긴 글을 잘 읽기 위해서는 글이 어떻게 구성되는지를 알아야 한다. 글이 구성되는 방식은 이어달리기와 비슷하다. 이어달리기는 다른 팀보다 먼저 결승선에 도착하고자 하는 목표 아래에서 시작된다. 하나의 글도 특정한 목적을 가지고 쓰인다. 많은 글의 종류가 있지만, 정보를 전달하거나 자신의 주장을 설득하기 위해서 쓰이는 글이 비문학이다. 이어달리기에서 제일 먼저 결승선에 도달하기 위해 치열한 작전을 짠다. 출발은 누가 해야 할지, 중간에 따라잡히지 않기 위해 주자를 어떻게 배치해야 할지, 막판 뒤집기를 위해 마지막 주자는 누구로 정해야 할지 등 각 팀마다 작전을 짜게 된다. 같은 주자들로 구성된 팀이라도 전략에 따라 결과는 달라질 수 있기 때문이다. 하나의 글에서 주자는 각 문단이다. 각 문단들은 글의 주제와 내용을 명확하게 전달하기 위해서 각자 역할을 맡고 있다. 각 문단이 맡은 역할은 대개 정해져 있다.

(가) 변론술을 가르치는 프로타고라스(P)에게 에우아틀로스(E)가 제안하였다. "제가 처음으로 승소하면 그때 수강료를 내겠습니다." P는 이를 받아들였다. 그런데 E는 모든 과정을 수강하고 나서도 소송을 할 기미를 보이지 않았고 그러자 P가 E를 상대로 소송하였다. P는 주장하였다. "내가 승소하면 판결에 따라 수강료를 받게 되고, 내가 지면 자네는 계약에 따라 수강료를 내야 하네." E도 맞섰다. "제가 승소하면 수강료를 내지 않게 되고, 제가 지더라도 계약에 따라 수강료를 내지 않아도 됩니다."

(나) 지금까지도 이 사례는 풀기 어려운 논리 난제로 거론된다. 다만 법률가들은 이를 해결할 수 있는 사안이라고 본다. 우선, 이 사례의 계약이 수강료 지급이라는 효과를, 실현되지 않은 사건에 의존하도록 하는 계약이라는 점을 살펴야 한다. 이처럼 일정한 효과의 발생이나 소멸에 제한을 덧붙이는 것을 '부관'이라 하는데, 여기에는 '기한'과 '조건'이 있다. 효과의 발생이나 소멸이 장래에 확실히 발생할 사실에 의존하도록 하는 것을 기한이라 한다. 반면 장래에 일어날 수도 있는 사실에 의존하도록 하는 것은 조건이다. 그리고 조건이 실현되었을 때 효과를 발생시키면 '정지조건', 소멸시키면 '해제조건'이라 부른다.

(다) 민사 소송에서 판결에 대하여 상소, 곧 항소나 상고가 그 기간 안에 제기되지 않아서 사안이 종결되든가, 그 사안에 대해 대법원에서 최종판결이 선고되든가 하면, 이제 더 이상 그 일을 다툴 길이 없어진다. 이때 판결은 확정되었다고 한다. 확정 판결에 대하여는 '기판력(旣判力)'이라는 것을 인정한다. 기판력이 있는 판결에 대해서는 더 이상 같은 사안으로 소송에서 다툴 수 없다. 예를 들어, 계약서를 제시하지 못해 매매사실을 입증하지 못하고 패소한 판결이 확정되면, 이후에 계약서를 발견하더라도 그 사안에 대하여는 다시 소송하지 못한다. 같은 사안에 대해 서로 모순되는 확정판결이 존재하도록 할 수는 없는 것이다.

(라) 확정 판결 이후에 법률상의 새로운 사정이 생겼을 때는, 그것을 근거로 하여 다시 소송하는 것이 허용된다. 이 경우에는 전과 다른 사안의 소송이라 하여 이전 판결의 기판력이 미치지 않는다고 보는 것이다. 위에서 예로 들었던 계약서는 판결 이전에 작성된 것이어서 그 발견이 새로운 사정이라고 인정되지 않는다. 그러나 임대인이 임차인에게 집을 비워 달라고 하는 소송에서 임대차기간이 남아 있다는 이유로 임대인이 패소한 판결이 확정된 후 시일이 흘러 계약 기간이 만료되면, 임대인은 집을 비워 달라는 소송을 다시 할 수 있다. 계약상의 기한이 지남으로써 임차인의 권리에 변화가 생겼기 때문이다.

(마) 이렇게 살펴본 바를 바탕으로 P와 E 사이의 분쟁을 해결하는

소송이 어떻게 전개될지 따져보자. 이 사건에 대한 소송에서는 조건이 성취되지 않았다는 이유로 법원이 E에게 승소 판결을 내리면 된다. 그런데 이 판결 확정 이후에 P는 다시 소송을 할 수 있다. 조건이 실현되었기 때문이다. 따라서 이 두 번째 소송에서는 결국 P가 승소한다. 그리고 이때부터는 E가 다시 수강료에 관한 소송을 할 만한 사유가 없다. 이 분쟁은 두 차례의 판결을 거쳐 해결될 수 있는 것이다.

(2016 수능 국어 B형)

문단의 역할을 설명하기 위해 2016학년도 수능 국어 영역 B형에서 짝수형 25~27번 문제의 지문을 활용해보자. 첫 번째 문단은 주제어를 제시해주고 앞으로 이야기할 내용에 대한 힌트를 준다. 이 지문의 (가) 문단은 프로타고라스와 에우아틀로스가 관련된 이야기로 글을 열고 있다. 두 사람 간의 대화는 독자의 호기심을 불러일으킴과 동시에 글에서 설명하고자 하는 주제에 대해 소개를 한다. (나)~(라) 문단은 각 개념에 대한 설명을 해준다. 각 개념들은 이 글을 이해하는 데 필요한 필수적인 배경지식이다. (마) 문단은 (나)~(라)에서 설명한 개념과 적용을 통해 (가)를 해석하고 있다. 기판력과 기판력이 인정되지 않는 상황을 알지 못하면 (가)를 해석할 수 없는 것이다. (가)를 해석하는 것이 이 글의 목적이다. 이렇게 보았을 때 중요하지 않은 문단은 하나도 없다. 이처럼 글은 각 문단이 유기적으로 연결되어 글의 목적을 이룬다. 문단의 역할과 문단 간 유기적인 연결을 파악할 수 있을 정도로 글을 읽을 수 있을 정도가 되어야만 문제를 정확히 풀 수 있다.

숲을 파악했다면, 나무도 들여다보라

문단 간의 유기적 연결을 파악하여 숲을 볼 줄 알게 되면, 글의 세세한 부분에도 집중할 수 있어야 한다. 위의 본문에서 굵게 처리된 부분을 읽을 수 있는 요령이 생기면 세세한 부분에 집중할 수 있을 뿐만 아니라 능동적으로 읽을 수 있어서 글을 읽을 때 지루하지 않다. 나는 굵게 처리된 부분을 실제로 읽을 때는 연필로 표시해가며 읽었다. 먼저 지시대명사인 '이'가 쓰인 부분은 앞의 내용과 함께 읽어야 한다. (마) 문단의 '이'렇게 살펴본 바가 의미하는 바는 (나) 문단의 기판력, (다) 문단의 기판력이 적용되지 않는 상황, (나)와 (다)에 쓰인 계약서 예시를 모두 의미하는 것이다. 즉, 지시어가 가리키는 내용을 이해하지 못하면 다음의 내용도 이해하지 못한다는 의미이다.

그리고 '접속사'도 집중해서 읽어야 하는데, 가장 중요한 접속사는 '그러나', '하지만'이다. 앞의 내용과 정반대의 내용이 이어질 것이고 주로 앞 내용보다 뒤 내용이 핵심이 되는 경우가 많다. '따라서'와 같이 원인과 결과를 나타내거나 '그러고 나서', '이후에'와 같이 진행의 순서를 나타내는 접속사도 중요하다. 위 지문에서는 활용되지 않았지만 'A뿐만 아니라 B'라는 말은 'A는 당연한 것이고 B도 그렇다'라는 의미가 함축되어 있다. 이처럼 글을 능동적으로 읽는 방법을 체득한 사람과 아닌 사람은 차이가 있을 수밖에 없다.

마지막으로 '상상하며' 읽는 것이 중요하다. 위의 지문에서도 프로타고라스와 에우아틀로스의 상황, 예시로 들어준 임대인과 임차인의 상황을 상상해서 읽으면 이해가 쉽다.

이처럼 능동적으로 읽는 방법은 다양하다. 지면상의 이유로 모두 소개할 수는 없지만, 위의 기본만 적절히 사용하고, 반복적으로 사용한다면 자신만의 방법을 만들어낼 수 있으니 반복해서 연습하길 바란다. 능동적 읽기가 자유로워지면 지문을 이해하는 속도와 수준이 향상될 것이며 이해를 바탕으로 출제되는 문제들도 어렵지 않게 풀 수 있다.

[국어]
화법·작문·문법 그리고 고사성어, 꼭 한 번은 정리해야 한다

수능 국어 영역은 크게 비문학, 문학, 화법·작문·문법으로 구분된다. 고득점을 받기 위해서는 세 부분을 어느 하나 놓치지 않고 공부해야 하는데, 그중 문제가 많고 배점이 집중되어 있는 비문학과 문학이 우선이다. 비문학과 문학에 대한 공부를 제대로 하지 않고 화법·작문·문법을 공부하려는 학생은 없어야 한다. 만약 화법·작문·문법을 공부하기로 마음먹었다면 시간이 여유로운 방학을 이용하여 필수적으로 학습해야 할 것을 한 번에 정리하고 방학 내에 모두 학습해야 한다. 화법·작문·문법은 알아야 할 지식들이 한정되어 있고, 그 지식들만 외우면 되기 때문에 오랜 시간을 두고 공부할 필요가 전혀 없다. 그리고 문제의 패턴이 계속해서 반복되기 때문에 패턴에 대한 대처법만 스스로 깨우칠 수 있으면 모든 문제를 맞히는 것이 어렵지 않다. 제대로 한 번만 정리한 이후에는 비문학, 문학과 함께 공부한다. 그때의 화법·작문·문법 공부는 복습이며, 복습은 반드시 기출문제로 확인해야 한다. 기출문제를 반복해서 보면서 자주 출제되는 문법 개념들을 익숙하게 만들고 문제 푸는 기술을 익혀야 한다.

사실 중·고등학교 내신시험을 위해 충분히 공부했다면 수능에서 나오는 화법·작문·문법 문제의 80%는 어려움 없이 이해하고 풀 수 있다. 누군가는 화법·작문·문법을 따로 공부하지 않고도 모든 문제를 다 맞히고 있다. 묻는 지식도 매우 어려운 것은 아니기 때문에 화법·작문·문법을 한 번만이라도 제대로 공부한 사람은 어렵지 않게 모든 문제를 맞힐 수 있다. 이것이 화법·작문·문법 공부를 어설프게 해서는 안 되는 이유다. 모두가 어려워하는 문제를 나도 어려워하는 것은 당연할 수도 있다. 그러나 모두가 쉽게 느끼는 문제를 내가 어려워하는 것은 자신에게 큰 빈틈이 있다는 것을 뜻한다. 특히 성적에 따라 등급을 구분하는 수능에서 다른 사람들이 맞는 문제를 나만 틀린다면 자신이 받을 수 있는 등급보다 한 단계 아래의 등급을 받는다는 뜻이다. 정시에서도 한 등급이 떨어지는 것은 큰 타격이지만, 최저 등급 충족 여부에 따라 면접을 볼 수 있는 기회가 주어지는 수시라면 한 등급 실패는 곧 대입 실패로 직결된다.

영어 단어만큼 국어 단어도 외우자

수능을 공부하고 모의고사를 보던 때를 회상하면 아직도 기억이 생생할 정도로 아쉽게 틀린 문제가 있다. 소설과 관련된 문제였는데 소설 속 인물들의 심리 상태에 대해 맞고 틀림을 묻는 문제였다. 심리 상태를 묘사했던 말이 '반색하다'였는데, 나는 그 단어를 집중해서 본 것이 처음이었다. 교과서나 책들에서 무심결에 봤을 수는 있겠지만, 반색을 하는지 아닌지를 판단하기 위해 집중해서 본 일은 처음이었다. 한참을 고민하다가 반색하다의 '반'이 부정적인 단어에 많이 쓰인다고 생각하며 '반할 반 (反)'과 연관된 단어라고 추측하고 옳지 않은 〈보기〉라고 생각했다. 나름대로 예리한 추측을 비웃기라도 하듯 보기 좋게 틀렸다. 채점을 하면서도 왜 틀렸는지 이해할 수 없었다. 그런데 '반색하다'의 뜻을 보고 어이가 없어 웃었다. '반색하다'는 '매우 기쁘다'라는 뜻이었다. 본래의 뜻과는 전혀 반대의 뜻으로 유추했던 것이다. 국어 단어도 유심히 보아야 함을 뼈저리게 느꼈던 경험이다.

국어는 우리나라 말을 읽고 쓰고 이해하는 능력을 묻는 영역이기 때문에 영어와는 달리 따로 단어를 외우지 않고도 '어느 정도' 이해할 수 있다. 하지만 적당한 어휘력으로 시험을 본다면 점수도 '어느 정도' 받는다. 모국어이니 단어의 뜻을 공부할 필요성을 느끼지 못하는 것이 당연하다. 그러나 계속 '어느 정도'로 이해하는 상태에 머무르면 점수도 '어느 정도'에 머무른다. 제일 좋은 것은 자신이 읽는 모든 글 속에 있는 단어 중 모르는 단어를 국어사전을 찾아가며 자세히 알아두는 것이다. 하지만 수험생에겐 그럴 만한 여유가 없기 때문에 기출문제 속에서 자신이 모르는 단어들을 정리해두고 시간이 날 때마다 틈틈이 본다면 남들보다 앞서 갈 수 있다.

고사성어 문제를 절대로 틀리지 않는 방법

고사성어 문제는 수능 국어에서 1~2문제에 불과하다. 존재하는 모든 고사성어를 외우는 것은 비효율적이다. 하지만 외울 수 있는 만큼은 외워야 한다. 외우지 않아도 고사성어 문제를 맞힐 수 있는 방법을 알려주고자 하는 것이 아니다. 고사성어는 영어 단어만큼 틈틈이, 반복해서 외워야만 한다. 공부에 대한 팁을 주고자 하는 사람들이 많아져서 인터넷을 잘 활용하면 수능 기출 고사성어가 정리된 파일을 구할 수도 있다. 공부할 수 있는 자료가 무엇이든 최대한 많이 외워야 한다.

나도 고사성어를 꽤 많이 외웠다. 학교 내신 한문 시험을 공부하다 보면 자연스럽게 많은 고사성어를 접할 수도 있었기 때문에 고사성어 문제 때문에 고민했던 적은 없다. 그런데도 모의고사를 보면 고사성어 문제를 곧잘 틀렸다. 모의고사를 풀고 나면 문제를 다시 한 번 살펴보며 왜 틀렸는지를 분석했는데, 그때서야 알았다. 고사성어 문제를 너무나도 어이없게 틀리고 있었다. 5개의 선택지 중 내가 확실히 아는 고사성어는 3~4개다. 3~4개를 아는 상황이면, 문제에서 요구하는 내용이 내가 아는 고사성어 중에 있다면 어렵지 않게 답을 고를 수 있고, 모른다고 하더라도 뜻을 유추해서 잘 찍으면 맞힐 수 있다. 찍어서 틀리는 경우는 어쩔 수 없었다. 그런데 나는 가끔 아는 고사성어 중에 답일 것 같은 〈보기〉를 답으로 찍지 않고 모르는 〈보기〉를 답으로 찍었다. 그러나 답은 내가 알고 있는 답일 것 같은 것이었다.

이렇게 어이없는 상황을 분석해보니 어리석게도 '모르는 〈보기〉를 찍는 과정'이 있었다. 잘 모르는 〈보기〉를 보고 내가 생각하는 과정은 다음과 같았다. '이 보기는 무슨 뜻인지 모르겠다. 이런 뜻일까? 그래, 그런 뜻일 것 같아. 정답에서 요구하는 것과 비슷하네. 정확하지는 않지만 내가 모르는 부분이 있겠지.'라고 생각했다. 그래서 나도 모르게 확실하지 않은 답을 찍고 있었던 것이다. 이런 분석을 통해서 이후에 고사성어 문제를 풀 때는 '내가 아는 고사성어만이 답이다.'라는 생각을 가지고 문제를 풀었다. 모르는 것에 대해 흔들리지 않고 내가 공부한 내용에 더 믿음을 가지고 답을 고르다 보니 오답률도 낮아졌다. 그럼에도 불구하고 여전히 그 바탕에는 기초적으로 외우고 있는 고사성어가 많아야 한다는 점을 잊지 말아야 한다.

[국어]
EBS 교재 현명하게 활용하기

한국교육과정평가원은 2011학년도 수능부터 EBS 교재와 연계하여 문제를 출제해오고 있다. 한국교육과정평가원은 해마다 수능이 끝나고 나면 수능문제와 EBS 교재와의 연계율에 대한 분석을 발표한다. 해마다 조금씩 수치가 다르지만 보통 수능문제와 EBS 교재와의 연계율은 70% 내외이다. 수능문제와 EBS 교재의 연계율을 높인 것은 사교육 의존도를 낮추기 위해서이다. 즉, EBS 교재를 공부하는 것만으로도 수능에서 원하는 점수를 받을 수 있게 하기 위한 정책이다. 많은 학생들도 이 정책 때문에 EBS 교재를 필수적으로 공부하고 있으며 학교에서도 수업시간에 EBS 교재를 활용한다. 하지만 EBS 교재에 나온 모든 내용을 외워도 수능 국어에서 고득점을 받을 수는 없다. 수능은 절대로 '배운 것을 확인하는 시험'이 아니다. EBS 교재 안에 있는 비문학 지문, 문학 지문을 다 외워도, 내신을 공부하듯 암기하는 방식으로 공부해서는 수능에서 만족할 만한 점수를 받을 수 없다. 따라서 수능 공부에 어울리는 방법으로

EBS 교재를 활용해야 한다.

비문학: 견문을 넓히고 배경지식을 쌓기 위해 '정확히' 읽는다

어떤 비문학 지문이 수능에 출제될지는 아무도 모른다. 학생들이 비문학 지문을 어려워하는 많은 이유 중 하나는 평소에 보지도 못했던 지문이 시험에 출제되기 때문이다. EBS 교재를 활용하면 자신이 평소에 접해보지 못했던 소재와 주제를 가진 다양한 글들을 읽어볼 수 있다. 다양한 글을 읽으며 내용까지 이해할 수 있다면, 수능에서 비슷한 소재로 쓰인 글이 출제되었을 때 편하게 풀 수 있다. 이 뿐만 아니라 1,000자가 넘는 글을 어떻게 하면 잘 읽을 수 있을지 충분히 연습할 수 있을 만큼 많은 지문이 있다. 비문학을 EBS 교재로 공부할 때 어떤 소재와 주제가 나왔는지 외우기보다는 어떻게 하면 처음 보는 지문을 정확하고 빠르게 읽을 수 있을지에 주목해야 한다. 정확하고 빠르게 반복해서 읽을 수 있다면 외우려고 노력하지 않아도, 오래 기억에 남는다.

문학: 문학작품 감상법을 연습하고 작품 해설로 배경지식을 쌓는다

이 책을 보는 학생들은 EBS 교재 안에 수록된 문학작품의 주제, 줄거리, 특징을 외우지 않았으면 한다. 다만 시를 어떻게 읽어야 더욱 잘 이해할 수 있을지, 소설을 읽을 때 주의해야 할 점은 무엇인지와 같이 작품 감상법에 집중하여 EBS 교재에 수록된 교재를 읽어야 한다. 이와 더불어 수능문제에서처럼 주어지는 〈보기〉를 통해 작품에 담겨 있는 의미와 작가와 시대에 대한 배경지식을 알아가는 것으로 EBS 교재를 활용해야 한다.

어휘·문법: 기초를 복습하기 위해 연습한다

방학 동안에 제대로 정리한 어휘·문법 지식들을 복습하는 용도로만 EBS 교재를 사용한다. 또는 수능에서 활용할 수 있는 문제 풀이 기술을 익히는 데 사용해야 한다. 가끔 억지로 답을 만들어낸 것 같은 문제를 만난다면 스트레스 받지 말고 그냥 넘기면 된다.

[수학]
수학은 머리가 아니라 몸으로 외우는 것이다

모든 공부는 암기가 뒷받침되어야 한다. 수학도 예외는 아니다. 공식을 외워야 하며, 어떤 유형의 문제에서 어떤 방향으로 풀이를 진행하는지를 외우면 문제풀기가 훨씬 더 수월하다. 여러 유형의 많은 문제를 풀면서 반복되는 문제는 외워버리면 다음에 똑같이 나왔을 때 쉽게 풀 수 있다. 아쉽게도 이것은 내신 수학까지만 적용되는 이야기이다. 내신에서는 시험 범위가 정해져 있다. 교과서와 선생님이 나눠준 프린트, 부교재 등을 바탕으로 거의 모든 시험문제가 출제된다. 그래서 한두 문제가 이해되지 않더라도 외워버리면 시험에서 비슷하게 나오기 때문에 풀 수 있다.

하지만 수능은 시험 범위가 없다. 고등학교 때 배운 수학이라고 범위를 정하기는 하지만 결국에는 중학교 때 배운 내용도 필요하므로 너무 광범위하고 이를 정할 수도 없다. 시중에 존재하는 문제의 유형도 너무 많고 그 유형마다 여러 가지의 풀이 방법이 존재한다. 매일 새로운 문제의 유형이 탄생하고 있으므로, 그에 해당하는 풀이 방법을 모두 외우기란 사실상 불가능하다. 그럼에도 불구하고 수학은 암기과목이다. 하지만 다른 암기과목과는 다른 느낌의 암기가 필요하다.

수학도 암기과목: 몸이 외우게 해라

수능 수학은 시간이 부족하므로 머리로 외우는 것을 넘어 몸이 외워서 저절로 반응할 때까지 공부해야 한다. 어떤 문제를 봤을 때 이 문제가 무엇이고 어떤 공식을 쓰고 어떻게 풀지를 생각하고 문제를 풀기 시작하면 너무 늦다. 생각하는 것보다 먼저 몸이, 손이 알아서 문제를 풀고 있도록 하면 많은 시간을 아낄 수 있다. 또한 그 방법이 틀렸더라도 다른 방법을 시도할 시간이 충분히 남아 있다.

몸이 문제에 자동으로 대응하기 위해서는 딱 한 가지 훈련을 하면 된다. 바로 여러 유형의 많은 문제를 풀어보는 것이다. 실제로 수능이나 모의고사를 보면 70% 정도는 과거 출제됐고 그래서 최근에 여러 문제집이나 교과서에서 많이 접해본 유형이다. 그러므로 시중에 나와 있는 여러 유형의 문제들을 미리 공부하고 몸이 외우도록 만든다면 빠르게 70%의 문제는 풀어낼 수 있다. 그렇게 시간을 절약해야 나머지 30%의 외우지 못한, 새로운 문제들을 풀 시간이 많아지는 것이다. 또 나머지 30%의 어려운 문제들도 대부분 계산이 복잡하거나 기존에 존재하던 유형들의 혼합형이다. 그래서 70%인 기존 유형들에 대해 몸이 자동으로 대응할 수 있을 정도로 공부를 한다면 어렵지 않게 풀어낼 수 있다.

만점을 위해서: 기초 탄탄

몸이 문제에 대해 자동으로 대응할 수 있는 상태가 되었더라도 실제 수능에서 모든 문제에 그럴 수 있는 것은 아니다. 긴장한 상태에서 새로운 유형이 나오면 갑자기 쉬운 문제도 막히는 경우가 생길 수 있다. 이런 것을 이겨내고 만점을 받고 싶다면 처음으로 돌아가 기초를 탄탄히 다져야 한다. 수능이란 '고등학교 교육과정을 얼마나 잘 이수했는지를 평가하는 시험'이고 그래서 정의를 많이 사용하며 특히나 어려운 문제에서는 더욱 기초가 중요하기 때문이다.

고등학교 3학년 때 마음이 급한 나머지 제대로 된 내용학습을 하지 않고 문제만 많이 풀던 시절이 있었다. 어느 날은 몇 주간 푼 모의고사들을 정리하면서 문제들을 정리하고 있었는데 기하와 벡터에서 정사영 쪽 문제가 나오면 정답률이 현저히 떨어지는 것을 발견할 수 있었다. 알고 보니 내가 기하 단원에서 가장 중요한 삼수선 정리에 대한 이해를 거의 하지 못하고 있었고 그 때문에 계속 틀린 것이었다. 다행히도 수능 전에 나의 부족한 점을 알 수 있었는지라 그에 대해 제대로 보완을 했고 수능에서는 틀리지 않을 수 있었다.

주마간산, 달리는 말 위에서 산천을 구경한다는 사자성어다. 급하게 하면 제대로 할 수 없다는 뜻이다. 고2 말, 고3이 되면서 마음은 급해지고 내용만 보고 있자니 이미 다 아는 것 같고 그래서 문제만 많이 푸는 친구들이 많은데 그것만으로는 만점을 받을 수 없다. 마음이 급하더라도 문제를 풀면서 틀리게 되면 그냥 단순한 실수라고 생각하지 말자. 수능에서의 실수는 돌이킬 수 없기 때문에 꼭 미리 실수를 바로 잡아야 한다.

그러므로 어떤 문제를 틀리면 그에 관한 기초적인 내용부터 제대로 짚고 넘어가는 것이 고득점을 받을 방법이다.

[수학]
보기 좋은 풀이가 답 맞히기도 좋다

수학 공부를 할 때 가장 많은 연습장이 사용된다. 왜냐하면 다른 과목들은 딱히 풀이과정이라고 부를 것이 길게 존재하지 않지만, 수학은 아무리 쉬운 문제더라도 풀이과정이 존재하기 때문이다. 풀이과정을 보면 그 사람이 얼마나 잘 풀었는지, 이해는 하고 있는지, 어디에서 실수가 일어났는지 등 많은 정보를 얻을 수 있다. 많은 학생이 수학 문제를 풀 때 풀이과정을 제대로 적지 않는 경우가 있는데, 별로 좋지 않은 습관이다. 단순히 문제집을 풀 때는 시간제한이 거의 없으므로 풀고 나서 〈보기〉를 확인했을 때 〈보기〉에 나의 답이 없거나 답에 자신이 없다면 다시 풀어 보면 된다. 하지만 수능시험 때는 불안하다고 해서 여러 번 다시 풀어 볼 수 있을 만큼 시간이 넉넉하지 못하다. 그러므로 풀이과정을 잘 써서 풀어야 한다. 자신이 쓴 풀이를 통해서 계산 실수나 생각의 실수들을 다시 확인해볼 수 있기 때문이다.

머리를 너무 믿지 마라, 반드시 실수한다

나는 수학을 좋아하고 다른 과목보다는 자신이 있었기 때문에 나를 믿었다. 많은 문제를 풀 때 암산을 했고, 특히 몇 번 본 문제의 유형 같은 경우 풀이를 거의 적지 않고 풀기도 했었다. 그러다 보니 그런 풀이가 습관이 되었고 결국 잦은 실수로 이어졌다. 그러다 한 번 시험에서도 크게 실수를 했다. 그때 내가 했던 가장 큰 실수는 나의 머리를 너무 믿었다는 것이다. 나처럼 많은 학생들이 자신을 너무 믿은 나머지 공부도 덜 열심히 하고, 빨리 풀려 하다가 실수를 하게 된다. 수학에서 주로 머리를 믿다가 하는 실수는, 암산하면서 풀이과정을 생략하다가 계산 실수를 하는 것이다. 운이 좋다면 〈보기〉에 내가 실수해서 구한 답이 없어 어쩔 수 없이 다시 풀어볼 수 있는 기회가 생길 수 있다. 하지만 운이 나쁘면 실수해서 구한 답이 〈보기〉에 있어서 그것을 정답으로 선택해 틀리게 된다. 풀이과정이 없으면 검토하기가 힘들고 내가 그때 어떤 생각으로 문제를 풀었는지 기억나지 않을 수 있다. 그러므로 풀이과정을 쓰는 것이 검토할 때 편리하고 실수를 줄일 수 있는 방법이다.

풀이과정을 꼼꼼히 적지 않는다면 수학에서 절대로 고득점을 받을 수 없다. 고난도 문제를 제대로 풀 수 없기 때문이다. 수학에서 고난도 문제인 21, 28, 29, 30번을 포함한 여러 문제를 보면 실제로 푸는 데 20~30분이 걸리는 문제들이 있다. 이런 문제들은 당연히 풀이가 길어질 수밖에 없다. 이 문제에 대한 풀이가 다른 문제의 칸을 침범하게 되기도 하는데 그러면 이게 풀이에서 어느 순서에 있는지 헷갈리게 된다. 그러므로 나름 깨끗한 글씨로 시간 순서에 맞게 풀이를 꼼꼼하게 작성하는 것이 중요하다.

다양한 풀이 중에서 나만의 풀이를 만들자

한 문제에 여러 가지 풀이가 있어서 수학은 재밌다. 그래서 사람마다 좋아하는 풀이가 다르다. 나는 주로 해석기하를 사용하는 것을 좋아했는데, 해석기하란 좌표평면이 그려져 있지 않더라도 내가 직접 좌표평면을 잡고 문제를 푸는 방법이다. 다음은 2013년도 6월 모의고사 수리 나 영역의 12번 문제다.

12. 한 변의 길이가 3인 정삼각형 AB_1C_1이 있다. 그림과 같이 선분 AB_1과 선분 AC_1을 $2:1$로 내분하는 점을 각각 B_2, C_2라 하고, 선분 B_2C_2를 지름으로 하는 원의 호 B_2C_2와 선분 B_1C_1로 둘러싸인 부분의 넓이를 S_1이라 하자.

정삼각형 AB_2C_2에서 선분 A_2B와 선분 AC_2를 $2:1$로 내분하는 점을 각각 B_3, C_3이라 하고, 선분 B_3C_3을 지름으로 하는 원의 호 B_3C_3과 선분 B_2C_2로 둘러싸인 부분의 넓이를 S_2라 하자.

이와 같은 과정을 계속하여 n번째 얻은 부분의 넓이를 S_n이라 할 때 $\sum_{n=1}^{\infty} S_n$의 값은? [3점]

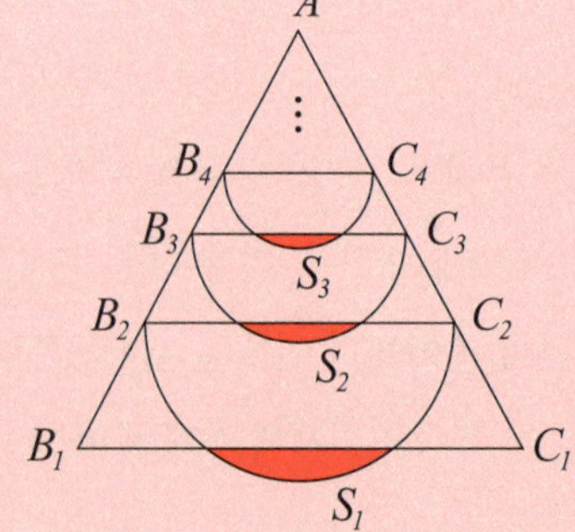

이 문제 역시 여러 가지 풀이가 존재한다. 하나는 그림을 잘 그려서 S_1의 중심을 O_1(B_2C_2의 중점)이라 하고 S_1과 B_1C_1이 만나는 점 중 B_1에 가까운 점을 D_1이라 하면 $B_2B_1D_1O_1$이 마름모인 것을 알아내는 것이다. 다른 하나는 B_1을 좌표평면의 중심으로 잡고 S_1의 원의 방정식을 구해 그것과 B_1C_1의 교점을 구하는 방법이다. 물론 할 수 있으면 첫 번째 방법이 훨씬 간단하고 빠르다. 하지만 그 아이디어가 떠오르지 않으면 푸는 데 오래 걸리거나 못 풀 수도 있다.

두 번째 방법은 거의 모든 도형이 나오는 문제에 적용 가능하다는 장점이 있지만 계산이 귀찮을 수 있다. 그래서 나는 이런 유형의 문제에서는 처음 딱 봤을 때 방법이 떠오르지 않으면 두 번째 방법을 바로 적용해서 푸는 것을 좋아했다. 방법이 떠오르지 않는다면 그것을 떠올리기 위해 투자하는 시간보다 해석기하를 통해 계산을 조금 더 하는 것이 빠르기 때문이다. 이렇게 문제마다 여러 풀이가 존재하고 자신에게 더 편한 풀이를 사용한다면 더욱 빨리 답에 다가갈 수 있다.

[수학]
수학 공부의 왕도, 양(量)으로 승부하라

수학은 기초가 탄탄하지 않더라도 문제를 많이 푼다면 어느 정도의 득점은 가능하다. 반대로 말하면 엄청난 양의 문제 풀이 없이는 고득점이 불가능한 과목이기도 하다. 고등학교 1학년 때는 수학1, 수학2를 배운다. 고등학교 2학년이 되면서 문·이과가 나누어져서 문과는 미적분1, 확률과 통계를 배우고 이과는 미적분1, 미적분2, 확률과 통계, 기하와 벡터를 배운다. 그렇다면 이것들은 같은 과목일까 다른 과목일까? 정확히 말하자면 같은 '수학'이라는 과목의 '다른' 분야가 맞는 말이다. 즉, 거의 서로 연관성이 없으므로 미적분을 잘한다고 해서 확률과 통계를 잘한다는 것은 아니다. 수능 수학에서 고득점을 원한다면 각기 다른 분야의 수학들을 모두 고루 공부하는 것이 중요하다. 또한 오랫동안 한 분야를 공부하지 않으면 그 분야에 대한 감이 떨어지기 때문에 계속해서 공부해야 한다. 그래서 나는 여름방학 정도까지 전체적인 수학의 기본기를 다지기 위해 하루에 수학을 4~5시간씩 공부했다. 과목을 예로 들자면 미적분1

은 2시간, 기하와 벡터는 3시간, 이런 식으로 각 분야별 문제집을 통해 공부했다. 그리고 여름방학부터는 모든 분야를 잡기 위해 분야별 공부도 하면서 종합문제집이나 모의고사를 통해 모든 분야를 동시에 공부했다. 전체 수학을 까먹지 않고 계속 다져나가는 연습을 하기 위해서다.

역시 수학 공부의 왕도는 많은 문제 풀이다

거듭 말하고 있지만 수학은 문제를 많이 풀어야만 고득점이 가능하다. 나는 학기 중에는 하루에 100~150문제의 수학문제를 풀었고, 방학에는 그보다 더 많이 풀었다. 많은 문제를 푸는 것이 좋은 이유는 크게 2가지가 있다. 첫째로 다양한 문제를 접해보며 사고력을 기를 수 있다. 둘째로는 꾸준한 계산 연습을 통해 계산 실수를 줄이고 시간을 단축할 수 있다. 내 경우 학기 중에는 많은 문제를 풀기 위해 모든 자투리 시간에 수학 문제를 풀었다. 수업이 조금 일찍 끝난다면 수학을 풀고, 자습시간을 주면 수학을 풀고, 쉬는 시간에 수학을 풀고, 점심, 저녁 시간에 수학을 풀었다. 이렇게 틈틈이 수학을 공부할 수 있었던 이유는 소란스러워도 공부가 잘되는 과목이기 때문이다.

나처럼 하루에 100~150문제를 풀라고 하면 너무 벅차다고 생각할 수도 있지만, 반드시 150문제를 하루에 풀라는 말이 아니다. 각자 자신에게 맞는 만큼 최대한 많은 문제를 풀면 되는 것이다. 다만, 문제를 풀다가 힘이 들어도 포기하면 안 된다. 끝까지 많은 문제를 풀어내야 한다. 충분히 다양한 문제를 접하는 것은 물론, 어느 정도 문제 푸는 속도가 빨라질 때까지 계속 해야 한다. 간혹 연습이 충분하지 않은 학생들은 이 과정을 지루해하는데, 지루하다고 힘들다고 이 과정을 포기해서는 절대 안 된다. 그렇게 끝내버린다면 연습이 아직 부족한 상태로 남는다. 우리의 최종 종착지는 현재 푸는 문제가 아니라 수능이다. 수능은 단 100분이라는 시간 내에 30문제를 풀어내야 하는 시험이다. 제대로 연습되어 있지 않다면 모든 문제를 풀기에 100분은 부족하기만 한 시간이다.

작은 불씨도 꼼꼼하게 다시 보고 넘어가야 한다

많은 문제를 풀어보는 양치기를 하다 보면 문제 수에만 집중해 작은 실수들을 무시하고 지나가는 경우가 있다. 작고 흔한 실수라고 그냥 계속 넘어가다간 큰 화가 될 수도 있기 때문에, 양치기를 하면서 자신의 단점을 확실히 아는 것 역시 중요하다. 실수도 실력이다. 당연히 실수를 제대로 확인하고 넘어가는 작업이 필요하다. 나 역시 그랬다. 먼저 문제를 노트에 풀고 문제집에는 맞고 틀림만 작게 표시했다. 이렇게 하면 다음에 문제를 풀고 피드백을 할 때 도움이 된다. 문제집에 풀이가 쓰여 있지 않기 때문에 계속해서 재활용할 수 있었다. 풀었던 문제를 다시 풀면 맞았던 것을 틀릴 때가 있다. 다시 풀었을 때 틀렸다는 것은 아직 그 문제를 제대로 숙지하지 못했다는 것을 의미한다. 이런 것을 파악할 수 있다면 공부를 빠짐없이 꼼꼼히 할 수 있게 된다.

둘째로 나를 파악하기 위해 문제에 대한 코멘트를 문제 옆에 적어두었다. 틀린 문제에는 왜 틀렸는지, 어렵지만 맞았던 문제에는 어떤 점이 어려웠는지 항상 메모했다. 이때 메모를 크게 적으면 안 된다. 작게 적어야만 다시 문제를 풀 때 새 문제를 푸는 것 같이 문제를 풀 수 있기 때문이다. 크게 적으면 다시 문제를 풀 때 지난번에 실수했던 내용을 알고 풀기 때문에 실력 향상에 전혀 도움이 되지 않는다.

[수학]
EBS 교재 현명하게 활용하기

EBS 교재 연계율이 70%라고 하지만 수학의 경우 실질 연계율이 가장 떨어진다. 수능문제와 EBS 교재의 어떤 문제가 연계되었다고 발표는 하지만, 연계된 내용을 보면 어느 문제집에서나 나오는 문제이기 때문이다. 그래서 수학은 아무리 연계 교재를 푼다고 해도 수능에서 '아, 저거 연계 교재에서 본 건데!'라는 생각을 하는 경우는 거의 없다. 그럼에도 불구하고 EBS 문제집은 중요하다. 왜냐하면 EBS는 최고의 공부 점검 수단이 될 수 있기 때문이다. 나는 EBS를 제대로 활용하기 위해 아래 3가지 원칙을 지키며 EBS 교재를 풀었다.

첫째, EBS 교재는 철저히 실전 연습을 위한 도구다

EBS 교재는 다른 문제집들에 비해 개념을 자세히 설명해주지 않기 때문에 개념 학습을 위해서는 다른 교재를 활용하는 것이 좋다. 나는 개념을 보충하기 위해서 교과서나 다른 자습서로 전체적인 내용 정리를 하고, 다수의 문제를 풀면서 전체 내용을 이해했다. 내용을 완전히 이해하고 문제를 풀었을 때 80% 이상의 확률로 맞힐 때쯤 되어야 수능특강을 꺼내 들었다. 수능특강에도 개념 정리가 간단히 되어 있는 부분이 있다. 그 부분을 통해 교과서나 자습서에서 보았던 내용들을 다시 한 번 체크한다. 그렇게 개념을 꼼꼼하게 체크하고 나서 수능특강에 수록된 문제들을 풀었다. 다른 EBS 교재들도 마찬가지로 개념 확인보다는 실전 연습의 용도로 활용했다. 300제처럼 대부분 문제의 양이 매우 많기 때문에 문제가 적어서 연습하지 못하는 경우가 없다. 문제가 많으니 굳이 다른 문제집을 살 필요도 없다. 수능 기출문제집과 EBS 교재만 있어도 모든 유형의 문제에 접근할 수 있다.

둘째, 문제를 제대로 해석하는 연습을 한다

언제나 해답은 문제 속에 있다. 문제를 제대로 해석한다면 문제 속에 있는 해답을 손쉽게 찾을 수 있다. 수능에서 종종 지문의 길이가 긴 문제가 나온다. 대부분의 학생들은 긴 문제만 보고 지레 겁을 먹는다. 하지만 문제가 긴 문제일수록 알고 보면 쉬운 문제들이 많다. 다만 문제에서 말하고 있는 바를 제대로 해석하지 못해서 어려워 보이는 것이다. 긴 문제라도 핵심만 간추리면 아주 짧고 간단하다. 문제의 지문을 해석하는 능력을 기른다면 아무리 길고 어려운 문제가 나오더라도 문제의 핵심을 간파하고 차근차근 힌트를 사용해서 문제에 제대로 접근할 수 있다.

셋째, 아는 문제라도 끊임없이 반복해서 푼다

EBS 수학 교재에 수록된 문제 수는 적지 않다. 간혹 더 많은 문제를 풀기 위해 빨리 풀고 정답 여부만 확인한 후 넘어가는 학생들도 있는데, 수능문제의 EBS 연계율이 70%라고 하니 모든 문제를 풀어봐야만 한다는 조바심이 생긴 탓일 것이다. 하지만 이렇게 빠르게 문제만 풀고 넘기는 습관은 수학 공부에서 가장 멀리해야 할 방법이다. 오늘 맞은 문제가 내일 틀릴 수도 있는 과목이 수학이기 때문이다. 수학 문제 풀이를 할 때 가장 중요한 것은 정확도다. 아무리 빠르더라도 정확하지 않으면 원하는 점수가 나오지 않는다. 그래서 EBS 교재로 연습하기로 했다면, 한 번만 풀고 넘어가는 것이 아니라 반복해서 풀어야 한다. 그 과정 속에서 마음이 급해서 제대로 확인하지 못한 개념들을 확인하고, 어정쩡하게 풀어 답만 맞은 문제들을 골라내야 한다.

[영어]
한 단어를 알면 열 단어가 보이는 어원 학습법

영어는 단어만 알아도 반은 성공이다. 단어만 많이 알고 있다면, 어려운 구문이 나오더라도 지문 이해가 크게 어렵지 않다. 단어의 뜻을 조합하여 문장의 뜻을 추론할 수 있기 때문이다. 반대로, 아주 단순한 구문도 단어를 모른다면 핵심을 파악할 수 없다. 다음은 2016학년도 수능에서 발췌한 문장들이다.

① Unfortunately, because of this avoidance, the child fails to develop his math skills and therefore improve the capabilities he has, and so a vicious cycle has set in.

(2016학년도 수능, 영어 홀수형 36번)

② <u>Assertiveness</u> may seem to some people to be <u>uncharacteristic</u> of <u>counselors</u>.

(2016학년도 수능, 영어 홀수형 20번)

    문장 ①은 꽤나 복잡한 구문이다. 여러 문장이 합쳐진 복문이며, 삽입 구문, 생략 등으로 구조가 복잡하여 분석하려면 많은 문법 지식이 필요하다. 하지만 만약 밑줄 친 단어들을 알고 있다면, 문장의 의미를 파악하는 것은 크게 어렵지 않다. 'avoidance(회피)'로 인해 아이들이 무언가를 'fails to develop(발달시키는 데 실패하다)'하고, 이것은 'vicious cycle(악순환)'을 만든다는 핵심 내용을 추론해낼 수 있다. 문장 ②는 반대로 매우 단순한 구문이다. 주어와 동사가 한 쌍인 단문이고, 특별히 삽입되거나 생략된 구문도 없다. 하지만 밑줄 친 핵심 단어들을 알지 못하면 문장이 말하고자 하는 바를 읽어낼 수 없다.

    이렇듯 어휘력은 지문을 이해하는 데 중요한 역할을 하기 때문에 단어를 외우는 것은 영어 공부에 필수적이다. 대부분의 학생들은 단어 외우기의 어려움을 호소한다. 외워도 얼마 되지 않아 잊어버리고, 계속 외워도 끝이 보이지 않는다고 말한다. 당연한 일이다. 사람의 뇌에서 단기 기억박스에 들어간 것은 얼마 지나지 않아 사라진다. 외우고 또 외워도 모든 단어를 외웠다고 말할 수 없다. 또 다시 새로운 단어를 마주하게 될 것이다. 그렇다면 우리는 어떻게 어휘 공부를 해야 하는가?

한 단어를 알면 열 단어가 보이는 어원 학습법

우리 뇌에는 단기 기억박스와 장기 기억박스가 있다. 들어온 정보를 우리 뇌가 알아서 분류한다. 이 둘은 긴밀히 연결되어 있고, 기억들의 출입과 이동이 활발하게 이루어진다. 분명히 한 번 외웠던 단어를 까먹게 되는 이유는, 그 단어와 의미가 단기 기억박스에 저장되었다가 시간이 지나 사라져버렸기 때문이다. '영단어: 의미'처럼 단순히 나열된 형식으로 기억한 경우 더 심하다. 단어와 의미 사이에 아무런 연결고리 없이 무작정 외우는 것은 휴대폰으로 날아온 인증번호를 기억하는 것과 크게 다르지 않다. 외운 단어를 장기 기억박스에 넣기 위해서는 단어와 의미를 연결해주는 연결고리를 만들어서, 단어를 보면 뜻이 자연스럽게 연상되도록 만들어야 한다. 그 연결고리를 만들 수 있는 가장 좋은 방법이 바로 '어원 학습법'이다.

어원 학습법 1단계: 단어를 쪼개자

어원 학습법의 첫 단계는, 복잡한 단어를 쪼개는 것으로부터 시작한다.

unexpectable

un-(부정) + ex(밖으로/초과) + pect/spect(보다) + -able(가능성)

: 예측할 수 없는

'unexpectable'이라는 단어는 철자도 길고 어려워 보이지만 하나하나 따지고 보면 유추하기 쉬운 단어이다. '~할 수 있다'는 뜻을 가진 접미사 'able', 그리고 부정을 나타내는 접두사 'un'이 있다. 그리고 중간에 있는 'expect' 역시 '밖/초과'라는 뜻을 가진 'ex'와 '보다'라는 뜻을 가진 'spect'가 합쳐져 '넘어서 보다' 즉 '예측하다'라는 뜻을 가지고 있음을 추측할 수 있다. 이 4가지를 모두 합치면 '예측할 수 없는'이라는 뜻이 되는 것이다.

이것이 어원 학습의 첫 번째 단계이다. 단어를 어원/접미사/접두사 등으로 쪼개어 각각의 뜻을 통해 단어 전체의 의미를 완성하는 단계이다. unexpectable처럼 각 부분의 뜻을 더하면 전체의 의미가 되는 경우도 있지만, 비유적이거나 조금의 의미 변형을 거쳐 사용되는 단어도 있다.

어원 학습법 2단계: 묶어서 기억하자

1단계가 단어와 의미의 연결고리를 만들어준다면, 2단계는 단어와 다른 단어와의 연결고리를 형성해주는 단계다. 1단계에서 했던 분석을 바탕으로 같은 어원이나 접사를 가진 단어들을 함께 정리해두면, 우선 그 어원에 대한 기억이 강화되고 장기 기억박스에 담기게 된다. 이때 장기 기억박스에 해당 어원을 가지고 있는 단어들이 마인드맵처럼 연결되어 함께 딸려 들어가는 것이다. 다음은 '미리'라는 뜻을 담고 있는 접두사 'pre'의 예시이다.

이와 같이 하나의 어원을 공유하는 단어들을 묶어서 기억하면, 우선 'pre'라는 어원에 대한 이해가 확실하게 된다. 또한 어원이나 접사 등을 파악하지 못했을 때는 비슷해 보이던 단어들이 명확하게 구별되어 보일 것이다. 철자가 같아 헷갈리게 만드는 'pre'를 정확히 이해하고 있기 때문에 이를 제외한 다른 부분을 통해 단어의 뜻을 유추하기 때문이다. 이처럼 2단계는 많은 단어를 한꺼번에 기억할 수 있고, 혼동되는 어휘들을 확실하게 기억할 수 있도록 도와준다.

이렇게 어원과 접사에 대한 이해도가 높아지면 단어를 읽어내는 '감'이 생긴다. 처음 보는 단어의 의미를 어원이나 접사를 단서 삼아 추론해 낼 수 있는 것이다. 다음은 마찬가지로 2016학년도 수능에서 발췌한 문장이다.

　　밑줄 친 'temporocentrism'과 'ethnocentrism'은 대부분의 학생들이 멈칫할 만큼 매우 생소한 단어들이다. 하지만 어원 학습법을 통해 영단어에 감이 생겼다면 그리 어렵지 않게 뜻을 유추할 수 있다. 우선 '-ism'에서 머릿속에 '-주의/사상', 그 앞의 'centr-'에서 '중심/중앙'이라는 뜻을 읽어낼 수 있다. 또한 'tempor-'에서 '시기/시대', 'ethn-'에서 '민족' 과 관련된 의미를 담고 있을 것이라고 추론할 수 있다. 이에 의해서 정확하지는 않지만 각각 시기를 중시하는 사상과 민족을 중시하는 사상이라고 읽어낼 수 있는 것이다.

　　단어의 구조가 복잡하지 않은 중학교 수준의 어휘실력을 갖추고 있는 학생들은 바로 어원 학습법에 도전하고, 만약 그 이하의 실력을 가졌다면 중학교 수준의 어휘를 공부하고 난 후 어원 학습을 실시하면 더욱 효과적이다. 요즘 시중에 어원과 접사 등을 잘 정리해 놓은 단어장들이 많다. 여의치 않다면 다양한 인터넷 사이트를 통해 정보를 얻어도 좋다.

[영어]
수능 독해, '번역'하지 않으면 10분이 남는다

영어 영역에서 많은 학생들을 괴롭히는 것은 바로 '시간 부족'이다. 남은 문제의 수와 남은 시간이 비슷해져 가면 손에 땀이 나고 심장이 쫄깃해지는 경험을 다들 한 번쯤 해보았을 것이다. 뒤로 갈수록 시간이 얼마 남지 않았다는 압박감에 지문은 더 눈에 들어오지 않는다. 영어에서 한 문제를 푸는 데 보통 1분에서 2분을 잡는다. 쉬우면 1분, 어려우면 2분을 목표로 하고 문제를 푸는 것이 보통이다. 똑같은 길이의 우리나라 글을 읽는 데 걸리는 시간은 길면 30초 내외가 되는데, 영어 지문을 1분, 아니 2분 안에도 이해하지 못해서 헤매는 이유는 무엇일까? 영어 지문의 무엇이 우리의 시간을 잡아먹는 것일까?

영어 지문을 읽을 때 시간이 2배, 또는 그 이상 걸리는 이유는, 해석을 위해서 머릿속에서 두 번의 과정을 거치기 때문이다. 한글로 된 글은 한글이 우리 뇌로 전달되고, 그 의미를 파악함으로써 이해된다. 반면 영어로 된 글은 일단 영어 글자들이 뇌로 전달되고, 그러면 우리는 온갖 영어

지식을 동원해 그것들을 한글로 바꾼 후에 의미를 파악하게 된다. 즉 영어 → 한글의 과정을 거쳐야 하기 때문에 시간이 더 걸릴 수밖에 없는 것이다. 그렇다면 우리는 '영어 → 한글'의 과정을 없애야 할까? 마치 원어민처럼 영어를 읽고 번역 과정을 거치지 않고 의미를 이해하도록 훈련해야 할까? 미안하지만 불가능한 일이다. 아주 어렸을 때부터 미국에 살아 완벽한 2개 국어를 구사하는 사람이 아니라면, 중·고등학생에게 이것은 명백히 불가능하다. 이미 뇌가 한글로부터 의미를 받아들이는 데 맞추어 발달했기 때문이다.

절망할 필요는 없다. 번역의 과정을 아예 없앨 수는 없지만 최소한으로 줄일 수는 있다. 그리고 고맙게도 수능 영어는 그 정도로도 충분히 고득점을 할 수 있는 시험이다. 이제부터 영어 시험 시간을 여유롭게 만들 수 있는 독해 훈련법을 소개해주겠다.

영어는 영어일 뿐, 완벽한 번역은 없다

다음은 2015년 11월 고1 학력평가에서 편집한 문장이다. 여러분도 한 번 해석해보자.

We have all had the experience of suddenly noticing that a source of constant background noise has just ceased.

(2015년 고1 11월 학력평가 문장 편집)

⇨ 해석:

아마 많은 훌륭한 학생들이 해석을 이렇게 적었을 것이다. "우리는 지속적인 배경의 소음이 막 멈추었다는 것을 갑자기 알아차리는 경험을 해본 적이 있다." 나는 지금 틀렸다고 말하고 싶은 게 아니다. 훌륭한 해석이다. 하지만 이것은 너무, 지나치게, 훌륭한 해석이다.

'영어는 영어일 뿐이다.' 뜬금없이 무슨 말이냐면 영어는 영어니까 굳이 우리말로 '매끄럽게, 그럴듯하게' 바꾸지 않아도 된다는 것이다. 영어는 우리나라와 글자만 다른 게 아니다. 문장 성분, 문장 구조, 어순 등 거의 모든 면에서 정말 다르다. 즉 우리말로 '그럴듯하게' 바꾸려면 어쩔 수 없이 변형과 왜곡의 과정을 거쳐야 한다. 그리고 그 과정이 앞서 말했던 '영어 → 한글' 과정을 길게 늘이는 주범이다. 우리는 문제를 풀 때 번역을 멋들어지게 해서 누굴 보여주려는 게 아니다. 그저 내용을 빠르고 정확하게 이해할 수만 있으면 되는 것이다. 수능 영어는 우리의 번역 능력이 아니라 영어로 된 텍스트를 이해할 수 있는 능력을 평가하는 시험이기 때문이다.

따라서 우리는 영어를 영어 자체의 구조와 문법으로 읽어내야 한다. 이것은 흔히 '직독직해법'이라고 말하는 것과 비슷하다. 우리말로 매끄럽게 의역하는 것이 아니라, 영어의 문법과 문장 구조를 그대로 살려서 해석하는 연습을 해야 한다. 예문을 다시 한 번 보자.

We have all had the experience of suddenly noticing that a source of constant background noise has just ceased.

(2015년 고1 11월 학력평가 문장 편집)

문장의 어순도 뒤죽박죽이고 어색한 표현이 난무하지만, 문제를 풀 때는 이렇게 문장을 받아들여야 한다. 원래 태생적으로 영어 문장은 우리에게 뒤죽박죽이고 어색한 것이기 때문이다. 우리말로 바꾸려면 문장의 끝부분까지 갔다가 다시 앞으로 돌아와서 해석을 마무리해야 한다. 문장을 기본 2번은 읽게 되는 것이다.

하지만 우리말로 바꿨을 때 이상하게 느껴지더라도 영어의 구조를 살려 해석하는 연습을 하면, 영어라는 언어가 이렇게 생긴 놈이구나 하는 감이 생긴다. 그 '어색함'에 점점 익숙해지게 되는 것이다. 그러면 우리의 뇌는 또 하나의 경로를 만든다. '영어식 문장 구조'로 들어온 글자들을 처리하여 의미를 파악할 수 있는 경로가 점점 열리는 것이다. 우리는 원어민이 아니기에 그 글자들은 여전히 한글일 테지만 말이다.

이렇게 해석하는 훈련을 하면, 눈에 띄게 지문을 받아들이는 속도가 늘어나는 것을 경험할 수 있다. 점점 '영어→한글'의 과정이 의식하지 못할 만큼 빠른 속도로 이루어지는 경험도 할 수 있을 것이다. 하지만 이미 많이 자란 우리들의 뇌에 또 다른 경로를 만든다는 것이 엄청난 일인 것이 사실이다. 지독한 노력과 연습이 필요하다는 점을 꼭 기억하자.

[영어]
아는 단어가 들리지 않는 3가지 이유: 발음, 억양, 집중력

영어 듣기에 대한 학생들의 반응은 극과 극이다. 공부를 안 해도 듣기는 거의 다 맞는다는 친구들이 있는 반면, 듣기는 꼭 몇 개씩 틀려서 골치 아프다는 친구들도 있다. 듣기를 못하는 학생들은 참 곤혹스럽다. 45문제 중 17문제, 그러니까 3분의 1도 넘는 것이 듣기이기 때문이다. 게다가 시험이 끝난 후 스크립트를 보면 술술 읽힌다. 뒤에 내가 읽고 나름 잘 풀어내는 독해 지문에 비하면 누워서 떡 먹는 수준이다. 도대체 이렇게 쉬운 문장이, 다 아는 문장이 왜 안 들리는 건지 답답할 따름이다.

이렇게 스크립트를 보면 술술 읽는 친구들이 듣기에 어려움을 겪는 이유는 크게 2가지다. 첫 번째는 발음과 억양에 약해서, 두 번째는 집중하지 못해서이다.

첫 번째 이유: 발음과 억양

발음 기호나 발음하는 방법에 대한 지도는 중·고등학교 때는 그다지 강조되지 않는다. 초등학교 교육과정에서 영어 알파벳을 배우고, 짧은 단어를 배우면서 발음을 배우고, 중·고등학교에 와서는 발음법의 기본이 갖추어졌다는 가정하에 자연스럽게 읽기와 문법 위주로 수업이 진행된다. 그래서 중·고등학교 이전에 영어 발음법을 많이 연습하지 않았다면, 후에 나오는 어렵고 복잡한 단어들을 제대로 발음하기가 힘들다.

내가 정확히 발음할 수 있어야 그 단어가 들린다. 당연한 것이다. 발음을 정확하게 알고 있다면, 그 발음을 들었을 때 바로 그 단어와 의미를 떠올릴 수 있다. 하지만 발음을 정확히 모른다면, 그 발음을 들었을 때 머릿속으로 '이 발음은 어떤 철자를 가졌을까? 아, 이 철자일 것 같다. 이건 이 뜻이었지.'의 과정을 거쳐야 한다. 이런 생각이 아무리 빠르게 일어난다고 해도, 이것 때문에 뒤에 이어지는 문장들을 놓칠 가능성이 크다.

따라서 아무리 집중해서 들어도 문장이 잘 들리지 않는 학생들은 무조건 발음을 공부해야 한다. 단어를 공부할 때도 철자만 외우지 말고 정확한 발음을 알아야 한다. 몇 번 소리 내어 읽어보면 더 좋다. 영어는 우리나라 말보다도 발음의 변형이나 예외가 굉장히 많기 때문에 기본적인 발음법을 알고 있어도 꼭 따로 공부해야 한다.

그리고 영어에서 중요한 것은 문장의 억양이다. 영어 문장을 가만히 들어보면 음의 높낮이와 리듬이 있음을 느낄 수 있다. 음의 높낮이를 그래프로 나타낸다면, 부드럽게 위아래를 왕복하는 형태로 나타날 것이다. 우리나라 말에는 문장의 끝을 올리고 내리고 하는 정도의 억양이 있다면, 영어는 한 문장에서도 올라갔다 내려갔다를 반복한다. 우리나라 말과 다른 점이다.

그래서 단어 하나를 읽을 때와 그 단어가 앞뒤로 다른 단어들과 연결되어 읽혀질 때 단어가 가진 음의 높낮이가 변할 수 있다. 따라서 각 단어의 발음법을 공부한 후에도, 문장 단위로 많이 듣고 말하여 영어 문장의 억양에 익숙해질 필요가 있다.

이런 친구들은 스크립트를 적극 활용해야 한다. 처음에는 스크립트를 보면서 들어보고, 한 문장씩 따라 읽어보는 것이 좋다. 이때 발음과 억양까지 최대한 비슷하게 내려고 노력해야 한다. 몇 번 듣고 따라하기를 반복한 뒤, 이번에는 스크립트 없이 듣는 연습을 해본다. 전보다 영어 문장이 귀에 훨씬 잘 들어오는 것을 확인할 수 있을 것이다.

두 번째 이유: 집중의 부족

만약 발음도 잘하고, 영어 문장을 읽을 때 억양도 자연스럽게 낼 수 있는데 듣기에서 꼭 실수를 한다면, 그것은 집중의 문제다. 듣기를 할 때 습관적으로 '멍 때리는' 학생들이 있다. 이런 친구들에게 가장 좋은 방법은 '바쁘게 듣기'다.

아무래도 외국어고 낯설다 보니 문장을 들으면 곧바로 머리에 입력되지 않고 나머지 한 귀로 흘려보내게 되는 경우가 많다. 따라서 들은 내용을 흘려보내지 않기 위해서, 바쁘게 손을 놀리면서 들으면 좋다. 들리는 정보나 단어들을 빠르게 메모하면서 듣는 연습을 하는 것이다. 한글로 적어도 좋고, 한글로 빠르게 해석하기가 힘들다면 들리는 영어 단어들만

이라도 재빠르게 적는 것이 좋다. 그냥 메모를 해서 들었던 흔적을 남기는 것만으로도 '영혼 없이' 듣는 현상을 많이 개선할 수 있을 것이다.

[영어]
EBS 교재 현명하게 활용하기

EBS 연계로 인해 가장 많은 변화가 있었던 것이 바로 영어 영역이다. 영어 영역에 봤던 지문들이 나온다니 기존의 방식을 파괴하는 제도였다. 이에 맞추어 학생들의 공부 방식도 바뀌었다. 수능 영어를 공부하기 위해 모든 학생들이 EBS 교재에 나온 지문들에 매달렸다. 심지어는 옆에 답지를 펴두고 해석본을 암기하는 친구들도 있었다. 어쨌든 한글로라도 아는 내용이 시험에 나오면 문제를 풀기가 수월할 것이라고 생각했기 때문이다. 하지만 최근 영어 EBS 연계 방식이 달라지고 있다. 다음은 최근 EBS 연계방식에 대한 기사에서 발췌한 내용이다.

…(중략) 영어지문 연계방식 개선 검토는 최근 수험생들이 EBS 교재의 해석본을 암기하는 부작용이 크다는 지적에 따른 것이다.
김신영 수능개선위 위원장은 공청회에서 "학생들이 한글 번역본으로 영어 공부를 하는 것은 비교육적이기 때문에 좀 더 고민해야 한다.”며 현행 방식을 포함한 3가지 개선안을 제안했다. 개선안에는 EBS 지문을 그대로 활용한 문항을 2016학년도 50%, 2017학년도 30%로 낮추고 동일한 주제의 비슷한 지문이 활용된 문항을 2016학년도 20%, 2017학년도 40%로 늘리는 방안이 제시됐다.

기사에서 본 것처럼 올해부터는 지문의 소재나 주제는 비슷하지만 내용이 다른 지문을 출제한다. 예를 들어 온실효과의 원인을 다룬 지문이 EBS에 수록됐다면 온실효과라는 소재를 사용하되 내용을 바꿔 출제한다는 것이다.

평가원이 발표한 이 방식은 2016학년도 수능 영어에서도 적용되었다. 지문의 직접 활용이 많아서 체감 연계율이 높았던 이전과는 달리, 2016학년도 수능에서는 연계율 70%가 의심될 정도로 익숙한 지문이 보이지 않았다. 지문과 연계되긴 했지만, 그대로 가져오는 것이 아니라 간접적으로 활용하여 비슷한 소재나 주제를 가진 지문으로 출제된 것이다. 평가원의 발표에 따르면, 대의 파악 문제(목적, 주제, 주장 찾기)와 세부 정보 문제(내용 일치, 불일치)는 지문을 직접 활용하지 않는다고 한다. 하지만 빈칸 추론을 비롯한 다른 유형의 문제에서는 지문이 그대로 활용될 수 있다.

따라서 지문을 직접 활용했던 때처럼 공부하면 오히려 시간만 많이 뺏기고 비효율적이다. 하지만 지문이 그대로 나오지 않는다고 EBS에서 손을 놓아버리기엔 빈칸 추론 같은 난이도가 높은 문제를 풀 때 큰 도움이 될 수 있기에 쉽게 놓을 수도 없다. 그렇다면 우린 EBS를 어떻게 하면 현명하게 활용할 수 있을까?

① 모든 문제 집중해서 풀기

연계 교재의 개수가 많지만, 어디에서 어떤 문제가 연계될지 모르기 때문에 연계 교재는 모두 풀어보는 것이 좋다. 이때 한 지문 한 지문 내용을 외우기 위해 처음부터 뛰어들기보다는, 평소 문제를 푸는 것처럼 시간을 맞춰 놓고 몇 개의 지문을 푸는 것이 좋다. 수능 연계 때문에 지나치게 내용에 집중해서 읽는 친구들이 많은데, 그러면 실전에서 문제를 푸는 감이 사라질 수 있으니 꼭 첫 번째 단계로 평소처럼 문제를 풀어야 한다.

② 지문 분석하기

그 다음 단계는 지문 분석이다. 지문을 해석하여 내용을 이해하기 위한 단계이다. 모르는 단어 밑에 의미를 쓰고, 어려운 구문에 문법 설명을 써 놓고, 읽으면서 핵심이 되는 단어들에 네모를 치는 과정이다. 이때 공부의 핵심은 절대로 해석본을 보지 않는 것이다. 우선 혼자서 끈질기게 연구해보고, 그래도 이해가 안 되면 인터넷 강의를 듣거나 선생님께 여쭤봐야 한다. 스스로 어렵게 이해한 지문은 일부러 외우지 않아도 머릿속에 오래 남아 있을 것이다.

이때 단순히 해석만 되면 끝나는 게 아니다. 해석하면서 글의 전체적인 내용을 이해해야 한다. 한 문장이라도 이해가 되지 않거나, 왜 이 지문에 들어 있는지 모르겠다면 여러 방법을 통해 꼭 이해하고 넘어가야 한다. 내용을 모두 암기할 것이 아니기 때문에 완전히 이해하고 넘어가는 것이 혹시 나올지 모를 빈칸 추론 문제에 대비할 수 있는 최선이다.

③ 다시 볼 지문 표시하기

　　내용이 난해해 해석을 했는데도 잘 이해되지 않는 지문들이 있다. 이런 지문들은 ②의 과정을 거친 후 따로 표시를 해두어 나중에 한 번 더 읽어봐야 한다. 다른 지문들은 쉽게 이해가 되었기 때문에 수능이나 모의고사에 출제되어도 비교적 쉽게 읽어낼 수 있지만, 만약 그런 난해한 지문들이 연계되어 출제되면 또 다시 이해하기 어려울 것이다. 따라서 난해한 지문들은 그런 상황을 방지하는 차원에서 한 번 더 읽고 머릿속에 담아두어야 한다.

가장 중요한 것, EBS에 대한 집착 버리기

　　어쨌든 수능 영어는 새로운 영어 지문을 보고 내용을 이해할 수 있는지를 평가하기 위한 시험이다. 오답률이 높은 문제, 그리고 난이도가 높은 문제들은 거의 대부분 EBS 연계 지문이 아니다. 결국 수능 영어에서 좋은 성적을 내기 위해서는 EBS의 지문을 달달 외우고 있는 것보다 새로운 지문을 읽어도 당황하지 않는 기본 실력을 갖추는 것이 중요하다. 수많은 EBS 교재의 문제들은 기본 실력을 키울 수 있는 좋은 연습서이다. 하지만 그 엄청난 수의 지문 내용을 기억하는 것보다, 그 수많은 문제를 풀면서 기본 실력을 키우는 것이 훨씬 쉽다. 따라서 EBS 교재의 '내용'에 과도하게 집착하지 말아야 한다.

[사탐]
단 하나의 개념도 놓치지 않는 암기 노트 활용법

사회탐구는 기본 개념만 확실하게 알고 있다면 고득점으로 갈 수 있다. 국어, 수학, 영어가 기본 개념을 이해하는 것을 넘어 응용할 수 있어야만 고득점으로 갈 수 있는 것과는 다르다. 즉 수능 사회탐구 영역은 내신시험과 성격이 가장 비슷하다. '배우는 것'을 확인하는 시험이다. 기본적인 내용을 바탕으로 주어진 〈보기〉를 해석하고 판단한 내용에 알맞은 정답을 골라야 하는 것이 수능 사회탐구의 특징이긴 하지만, 주어지는 〈보기〉조차도 공부를 하는 동안에 미리 학습할 수 있다.

따라서 사회탐구 영역에서 고득점을 받기 원한다면 효과적으로 암기할 수 있는 방법이 필요하다. 어정쩡한 방법으로 대충 암기하다간 점수가 바닥에서 제자리걸음하기 일쑤다. 대부분의 학생들은 외우는 과정을 괴롭다고 느끼는데, 쉽게 외워지는 내용들까지 반복해서 봐야 하기 때문이다. 나 역시도 이미 확실히 알고 있는 내용과 그렇지 않은 내용이 뒤섞여 있는 책을 공부해야 할 때 이미 알고 있는 내용들 때문에 괴로웠다. '이미 알고 있는데 왜 또 외워야 하지.'라는 생각 때문에 책을 빨리 덮어버렸다. 그러나 막상 시험을 보게 되면 일찍 책을 덮어버린 바람에 미처 공부하지 못한 부분이 시험에 나와서 틀리곤 했다. 또 이미 알고 있다고 생각한 내용을 확실하게 기억해내지 못해서 많은 문제들을 틀렸다.

잘 외워지지 않는 것만 반복해서 따로 외운다

제대로 암기하지 못하고 암기한 내용조차 시험에 발휘하지 못하는 이유를 분석한 결과, 내 나름대로 사회탐구를 고득점으로 만들어준 공부법을 고안할 수 있었다. '암기 노트'를 작성하는 공부법이다. 이미 확실히 아는 내용들이 있는 책이 괴로움을 주기 때문에 내가 모르는 내용들만 모아 놓은 책이 있다면 좋겠다는 발상으로 만든 것이다. 내가 모르는 내용만 모아져 있고 외워도 자주 까먹는 내용들이 들어가 있으니 긴장감도 생겼다. 다시는 실망스러운 결과를 만들지 않기 위해서 암기 노트를 수시로 봤음에도 불구하고 어떤 날은 그새 외운 내용을 까먹어서 처음 보는 내용으로 착각하기도 했다. 외워도 잘 까먹는 것은 반복해서 봐도 자주 까먹었다. 하지만 그런 내용들만 한 곳에 모아 놓으니 더 집중적으로 볼 수 있었고, 결국엔 외울 수 있었다.

암기 노트를 계속 활용하다 보면 '단권화'를 시킬 수 있다. 최초로 사회탐구 공부를 하며 확실하게 외웠다고 생각하는 순간부터 암기 노트를 활용해야 한다. 그렇지 않고서는 모든 내용이 암기 노트에 들어갈 수 있기 때문이다. 확실히 공부한 뒤에도 잘 기억나지 않는 내용들을 암기 노트에 적되, 확실히 암기했던 내용이 갑자기 생각나지 않는 상황이 오면 그 내용도 암기 노트에 적는다. 확실히 암기했지만 얼마 되지 않아 까먹은 내용은 또 까먹을 수 있는 가능성이 있기 때문이다. 이와 더불어 문제를 풀어가면서 기본 개념서에는 나오지 않는 개념어들을 암기 노트에 적으면 암기 노트는 내가 모르는 내용 천지인 '보물'이 된다. 이 보물만 외우면 암기에 틈이 없는, 자신의 실력을 기를 수 있다. 이러한 확신은 자신감도 키워주어 공부에 큰 동력이 될 것이다.

기출문제를 통해 각 개념이 나오는 맥락을 파악하라

암기 노트를 활용하면 다른 친구들은 놓칠 수 있는 세세한 부분까지 꼼꼼하게 암기할 수 있다. 그러나 암기 노트만을 고집해서 공부하면 각 개념들이 무엇인지는 알지만, 그 개념들이 나오는 맥락을 놓치기 쉽다. 모든 개념들이 파편화되어 따로 존재하는 상황이 벌어지는 것이다. 따라서 암기 노트를 통해 외운 개념들이 어떤 맥락에서 나온 개념이며, 다른 개념들과 어떤 연관성이 있는지를 반드시 파악해야 한다. 기출문제를 풀면서 암기 노트 속에 담긴 개념이 어떻게 출제되었는지 눈에 잘 띄는 색으로 표시하며 정리하는 것이 가장 좋은 방법이다. 각 개념들을 체크하면서 동시에 함께 출제되는 개념들도 다시 한 번 복습해도 좋다. 이와 같은 방법을 거친다면 사회탐구에서는 절대로 틀리지 않는 실력을 키울 수 있다.

[사탐]
시험 직전, 등급을 올려주는 키워드 활용법

아마 노트 정리를 열심히 했다면, 어지러이 흩어져 있던 개념들이 어느 정도 체계가 잡혔을 것이다. 이렇게 어렵사리 잡은 체계를 쉽게 머릿속에서 흘려보내면 안 된다. 우리의 뇌는 생각보다 빠른 시일 안에 기억을 내보낸다. 예전에 암기한 내용이 새로운 내용으로 인해 뇌에서 자신의 자리를 잃는다. 모두가 잘 알고 있듯이 사탐은 각 영역마다 한 과목의 모든 내용을 암기해야만 풀 수 있다. 따라서 앞서 외운 내용이 머릿속에서 빠져나가지 않도록 하기 위한 자극이 필요하다. 답안지에 마지막 마킹을 하는 그 순간까지 머릿속에서 모든 기억의 판이 쌩쌩하게 돌아가도록 해야 한다.

이를 위해 내가 썼던 방법이 '키워드 공부법'이다. 이것은 노트를 통해 내용에 대한 암기가 되어 있고, 개념지도를 통해 개념의 체계가 잡혀 있을 때 해야 하는 공부법이다. 실전을 위한 마지막 검토 단계라고 생각하면 쉽다.

키워드 공부법 ①: 키워드 써넣기

키워드 공부법은 핵심이 되는 개념들, 즉 '키워드'를 통해 머릿속의 기억을 활성화시키는 방법이다. 그 키워드는 참고서나 교과서에 굵은 글씨로 표시되어 있는 표제와 같은 것들이다. 나는 A4 용지를 펴놓고, 내 암기 노트와 개념지도를 보면서 핵심 키워드들을 썼다. 각 단원당 한 장의 키워드 페이지를 만들었다. 키워드들을 적는 방식은 정해져 있지 않다. 나는 A4 용지의 윗부분에 큰 네모 상자를 하나 그리고, 그 안에 개념들을 순서에 상관없이 나열하였다. 함께 이 공부법을 시도했던 친구는 A4 용지 한 면 전체에 흩뿌리듯 개념들을 썼다. 포인트는 개념지도를 그릴 때와는 반대로, 한눈에 개념들의 체계를 보기 힘들게 하는 것이다. 키워드를 하나씩 쓰면서, 의식적으로 그 내용을 떠올리는 게 중요하다.

키워드 공부법 ②: 키워드 설명하기

키워드들이 정리되었다면, 본격적으로 기억을 자극하는 단계이다. A4 용지에 쓰인 키워드를 하나씩 보면서, 그 키워드를 중심으로 암기했던 내용을 떠올린다. 개념의 정의, 관련된 예시 등 키워드에서 연상되는 모든 것을 떠올려보는 것이다. 예를 들어 세계지리에서 '열대기후'라는 키워드를 봤다면, 열대기후의 정의가 무엇인지, 두드러진 특성은 무엇인지, 열대기후를 가진 지역은 어디인지 등을 떠올리는 것이다. 이때 내용은 많을수록, 구체적일수록 좋다. 그리고 가능하다면 다른 노트나 종이에 떠오르는 것을 간략히 메모해보자. 확신이 들지 않고 헷갈리는 내용은 따로 표시해두었다가 꼭 다시 확인해야 한다.

키워드 공부법 ③: 키워드 연결하기

이번에는 키워드들 간의 관계를 떠올려보는 단계이다. 아까 말했듯이 A4 용지에는 개념들이 순서 없이, 체계 없이 마구 쓰여 있다. 여기서 스스로 관련되는 개념들끼리 묶고, 상하위 개념을 찾아보는 것이 바로 3단계이다. 키워드들 간의 체계에 대한 기억을 자극하고 강화시키는 것이다. 개념지도만큼 정확하게 단원 전부를 하나의 체계로 그리지는 못하더라도, 키워드를 중심으로 상하위 개념 및 함께 비교되었던 개념을 떠올리는 것이 포인트이다.

이 키워드 종이는 앞에서 애써 암기한 내용을 잊어버리지 않도록 중간중간 복습용으로 활용해야 한다. 반복적으로 자극하면 기억은 점차 강화되어 확실한 장기 기억으로 넘어가게 될 것이다. 또한 시험 전날 밤이나 사회탐구 영역 직전에도 유용하게 쓸 수 있다. 내가 얼마나 잘 암기하고 있는지, 놓치고 있는 부분은 없는지 스스로 확인해볼 수 있기 때문이다.

[사탐]
50점을 만드는 마지막 한 방, 개념지도 만들기

사탐은 실수를 허용하지 않는 과목이다. 고득점을 하는 학생들이 많기 때문에, 난이도가 크게 높지 않은 이상 일등급 컷이 보통 47~50점 사이에 형성되고, 2등급 컷이 43~47점 사이에 형성된다. 즉 한 개만 틀리거나 틀리지 않아야 1등급을 얻을 수 있다는 것이다. 하지만 공부하고 또 공부해도, 꼭 두 개씩 틀려서 '만년 2등급'인 친구들이 있다. 혹은 '3등급의 늪'에 빠져 허우적대는 친구들도 있다. 2등급, 3등급이라고 해서 1등급인 친구들과 굉장한 차이가 있는 것 같지만, 등급 간 점수 차가 작은 사탐의 경우 겨우 두세 문제 차이인 경우가 많다. 결국 이런 친구들이 잡아야 할 것은 그 두세 문제인 것이다. 그 문제들을 풀 수 있는, 그래서 고득점으로 갈 수 있는 마지막 한 방이 있다. 바로 '개념지도'이다.

개념지도를 통해 숲을 볼 수 있어야 한다

암기 노트 등을 통해 세세한 개념을 이해하는 것이 나무를 보는 것이라면, 개념지도를 만드는 일은 숲을 보는 것이라고 생각한다. 시험에서 높은 배점이 걸려 있거나 정답률이 낮은 문제는 학생들에게 '숲을 보는 눈'을 요구하는 경우가 많다. 개념 하나하나에 대한 이해를 넘어서, 그 개념이 다른 개념과 어떤 관계에 놓여 있으며, 어떤 개념 아래 속해 있으며, 어떤 개념 위에 있는지를 알고 있는지 확인하는 것이다. 많은 학생들이 개념 하나하나가 어떤 의미인지는 암기하고 있지만, 그 개념이 어떤 범주에 속하고 있는지는 놓치곤 한다. 그러면 절대로 고득점, 1등급으로 갈 수 없고 만년 2등급에 머물게 된다.

사회문화를 예로 들어보자. 사회문화 현상을 이해하는 관점들을 배울 때, 학생들은 그것에 속하는 '갈등론, 기능론, 상징적 상호작용론' 같은 각 개념에 대해 이해하고 있을 것이다. 하지만 그 개념들이 어떤 관계로 얽혀 있는지, 각각 어떤 상위 개념에 속하는지, 어떤 범주에 따라 나뉘어 있는지는 잘 모르는 경우가 대부분이다. 하지만 어려운 문제에서는 각 개념을 이해하고 있는지 뿐만 아니라 그들이 어떤 상위 개념에 속하는지, 어떤 기준에 의해서 나뉜 것인지를 묻는다. 이것이 사회탐구 영역 출제자들의 의도다. 단편적인 개념을 암기하는 것은 어느 학생이라도 시간이 많으면 잘할 수 있다. 그러나 개념 간의 관계를 파악하고 전체적인 관점에서 문제를 푸는 것은 모든 학생이 접근할 수 있는 방법이 아니다. 그래서 변별력이 생기는 것이다. 숲을 볼 수 있는 사람들만 맞는 문제들이 반드시 나오는 이유이기도 하다.

　　각 개념 간의 관계를 확실히 파악하기 위해서는 각 개념에 대한 이해에서 한 걸음 더 나아가, 개념 간의 관계에 대해서 명확하게 정리해야 한다. 나는 그것을 '개념지도'라고 불렀다. 개념 하나하나에 대한 이해가 끝나면 마인드맵과 같은 형식으로 개념지도를 그렸다. 보통 대단원 제목인 가장 상위의 개념을 가운데 큰 동그라미에 써넣고, 거기서 뻗어 나오는 하위 개념들을 하나씩 그려 넣었다. 작은 개념으로 갈수록 동그라미의 크기가 작아지게 하여 눈으로 확인할 수 있게 만들었다. 하나의 개념지도는 교과서나 참고서를 보면서 제대로 그린다. 그 이후에 복습할 때는 아무것도 없는 종이에 예전에 그렸던 개념지도를 그리면서 복습해야 한다. 아무것도 보지 않고 처음에 제대로 그린 개념지도와 점점 비슷하게 그려갈 수 있다면 개념 간의 관계를 확실히 파악하고 있는 것이다.

　　개념지도를 만드는 형식은 자유다. 마인드맵 형식이 눈에 잘 들어오지 않는다고 느껴진다면, 상하위 개념 간의 수직적 관계를 더 명확하게 하기 위해 상위 개념을 제일 위에, 하위 개념을 점점 아래로 그려 넣는 것도 좋다. 자기가 보기에 개념들 사이의 관계를 잘 이해할 수 있게 만들면 된다. 처음 하는 친구들은 이 과정이 힘들 수 있으므로 선생님께 도움을 요청하면 좋다. 선생님께 도움을 요청할 때도 백지를 가져가서 그려달라고 하면 안 된다. 초안은 반드시 자신이 작성하고 검토를 받는 수준에서 도움을 받아야 한다.

[사탐]
EBS 교재 현명하게 활용하기

사회탐구 영역은 국어, 수학, 영어 영역에 비해서 상대적으로 공부하기가 쉬워 보인다. 시험에서 나오는 범위와 깊이를 정확히 예측할 수 있기 때문이다. 학습해야 할 양이 많지만, 단순하게 외우고 문제를 다양하게 풀어본다면 외운 개념을 응용하는 것은 어렵지 않다. 그래서 사회탐구 영역을 어느 정도 공부하고 나면 자신감과 여유가 생긴다. 국어, 수학, 영어 공부를 하기 위해 사회탐구 공부 시간을 줄이는 학생들이 많은데, 사회탐구 공부 시간을 줄이게 되는 바로 그 순간부터 안정적인 점수를 받기가 어려워진다. 그만큼 꾸준하고 오래 공부하는 것이 중요하다. EBS 교재는 다양한 자료와 다양한 문제들로 구성되어 있기 때문에 기본을 다지고 난 후에 반복해서 공부하기에 좋다.

활용되는 자료와 개념을 반복하여 학습하고 보충하기

사회탐구 영역을 공부하기 어려운 이유는 〈보기〉로 출제되는 자료를 예상하기가 쉽지 않기 때문이다. 예를 들어 윤리나 역사 과목에서 활용되는 고전과 사료는 어떤 곳에서 출제될 것인지 알 수 없다. 아무리 많이 공부했어도 처음 보는 고전 구절과 사료가 주어지는 문제에서 정확한 정보를 찾지 못한다면 문제를 정확히 풀 수 없다. 최근 자료가 많이 활용되는 사회문화나 지리도 마찬가지다. 그래서 가능한 한 많은 자료를 접하고 새로운 자료를 볼 때마다 정리하면서 공부해야 한다. EBS 교재는 문제가 많은 만큼 다양한 자료가 활용되었다. 많은 자료를 보며 문제 풀이에서 힌트가 되는 부분을 찾는 연습을 한다면 새로운 사료가 나와도 당황하지 않을 수 있다.

또한 〈보기〉를 정확히 해석할 줄 알더라도 객관식 문제에 나오는 개념과 개념어를 알지 못하면 2~3가지 중 헷갈려서 답을 찍는 경우가 많다. 개념은 하나의 문제당 최소한 5개가 나온다. 답이 맞았다고 살펴보지 않고 넘어가면 안 된다. 맞은 문제라도 각 문제에 있는 개념과 개념어 중에 알지 못하는 것이 있다면 해설지를 활용해 정리해두어야 한다. 즉, EBS 교재로 사회탐구를 공부할 때는 맞고 틀리는 것에 연연하지 말고 각 문제마다 모르는 부분을 확인하며 문제를 풀어야 한다.

그래프 해석, 도표 해석에서 자주 실수하는 부분 연습

사회문화나 경제, 지리 과목에서는 표를 분석하거나 주어진 자료의 의미를 추출해야만 풀 수 있는 문제들이 출제된다. 하지만 주어진 자료를 해석하는 것이 익숙하지 않은 학생들은 해석할 때 반복해서 놓치고 실수를 한다. 그래프를 잘못 해석하거나, 비율 등을 표현하는 수학 개념을 헷갈리는 실수가 가장 많다. 다양한 자료가 활용되는 EBS 교재는 자주 틀리는 것들을 정리하고 실수를 방지하기 위해 연습할 수 있는 문제들이 많다. 특히 EBS 교재의 문제들은 평소에 접하기 힘든, 새로운 자료들이 구성되기 때문에 어떠한 문제에서도 당황하지 않고 표를 해석할 수 있는 능력을 기를 수 있다. 새로운 자료를 발견했다면 스크랩해서 노트 한 권에 정리해두면 좋다. 처음에 익숙하지 않았던 자료는 최소 3번은 봐야 익숙해지기 때문이다.

[과탐]
수능 과탐을 제대로 시작하고 공부하는 방법

수능에서의 과학탐구 과목들의 장점은 진입 장벽이 낮다는 것이다. 국어나 수학, 영어 같은 경우 중학교 때부터 중요하게 여기기 때문에 오랫동안 공부해온 친구들이 많다. 그래서 따라잡고, 역전하기가 어렵지만 과학의 경우 대부분의 친구들이 고등학생이 돼서야 중요성을 알게 된다. 그래서 대부분 실력이 비슷하다. 게다가 과학은 국어, 영어, 수학보다 범위가 적다. 이러한 이유 덕분에 기초 지식이 없고 공부를 열심히 안 했던 친구들도 상대적으로 손쉽게 점수를 올릴 수 있는 과목이다. 시작한 후 포기하지 않는다면 최소 중간은 갈 수 있다. 그렇다면 과연 과학 공부에 언제, 어떻게 입문하는 것이 가장 적절할까?

수능 과학탐구 선택 과목 결정의 방법

먼저 우리는 수능에서 무슨 과목을 볼지 결정해야 하고, 내가 무엇을 볼지 결정하는 것에 따라 성적이 좌우된다. 왜냐하면, 아무 생각 없이 친구가 생명과학이 쉽다고 해서 생명과학을 선택했는데 내가 생명과학 공부와 맞지 않는다면 성적이 제대로 나올 리가 없기 때문이다. 그렇다면 어떤 과목을 선택하는 것이 내 입시에 가장 이로운 것일까?

첫째, 진로를 희망하는 과와 연관된 과목에 너무 얽매일 필요 없다. 즉 내가 물리천문학과를 가고 싶다고 해서 꼭 물리를 응시하지 않아도 된다는 말이다. 물론 물리천문학과를 가서 공부하기에는 수능에서 물리를 응시하는 것이 대학에 입학한 후 공부하는 데 도움이 될 것이다. 하지만 화학 점수가 더 높다면 화학을 응시하는 것이 맞는 선택이다. 왜냐하면 대학 공부는 대학 입학 후 공부하면 충분하기 때문이다. 불안하다면 수능이 끝나고 물리를 독학해도 된다. 현재 중요한 것은 '내가 얼마나 좋은 성적을 받아 더 좋은 대학교에 입학할 수 있는가'이다.

둘째, 되도록 3학년 때 배우는 선택 과목과 같은 과목을 선택하는 것이 좋다. 예를 들어 만약 내가 3학년 때 생명과학Ⅱ를 배운다면 꼭 생명과학Ⅱ는 아니더라도 같은 계열인 생명과학Ⅰ을 선택하는 것이 좋다. Ⅰ과 Ⅱ가 분명 다르기는 하지만 본디 생명과학이라는 같은 과목이므로 내용이 겹치고 공부하는 방법이 비슷하다. 즉 생명과학 Ⅱ를 3학년 수업시간에 배운다면 엉뚱 맞은 지구과학이나 물리보다는 생명과학 Ⅰ을 공부하기가 보다 쉽다.

셋째, 만약 아무 생각이 없다면 물리 + 지구과학, 화학 + 생명과학, 생명과학 + 지구과학 이 세 묶음 중 선택해서 시험에 응시하기를 추천한다. 앞쪽 두 개의 묶음은 나름대로 연관이 많이 되어 있는 과목이기 때문에 공부할 때 서로 도움이 된다. 지구과학의 천체 부분에서는 물리적인 생각이 많이 들어가기 때문이다. 또 생명과학의 경우 생물은 모두 화학적 요소로 이루어져 있고 화학 반응을 통해 살아가므로 화학 내용이 많이 들어간다. 세 번째 묶음의 경우 가장 쉬운 과목이기 때문에 다른 과목에 비해 공부하기가 쉽다. 물리나 화학은 실제로 창의성을 요구하는 문제가 많아 웬만큼 오래 공부하지 않고서는 고득점이 힘들다. 하지만 생명과학과 지구과학의 경우 대부분 암기식 문제여서 단시간에도 고득점을 할 수 있다.

과학탐구 최대한 빨리 시작해야 한다

수능 과탐은 정말 기본적인 내용만 공부해도 30점은 맞을 수 있다. 실제로 시험문제를 보면 30점 정도에 해당하는 60%의 문제들은 난이도가 낮다. 물리를 제외한 과목들은 내용을 암기하고만 있다면 바로 풀어낼 수 있는 문제가 대부분이다. 물리도 간단한 풀이만 있다면 풀어낼 수 있는 문제다. 그러면 과학을 처음 시작하는 친구들은 어떻게 하면 좋을까? 최소한 고등학교 2학년에서 3학년으로 올라가는 겨울방학에 자신이 선택한 과학 과목을 한 번 전체적으로 훑어야 한다. 전체적으로 훑는 교재는 수능특강도 좋지만, 수능특강에는 이론이 자세히 정리되어 있지 않아서 정말 과학에 대한 지식이 없다면 EBS에서 나오는 자습서나 다른 데서 나오는 자습서를 통해 공부하는 것이 좋다. 만약 혼자 공부하기 힘들다면 방학을 이용해 학교에서 운영하는 방학 보충 수업을 듣거나 인터넷 강의를 들어보는 것도 좋다. 그래서 나도 겨울방학을 통해 학교에서 내가 선택한 생명과학 I 과 화학 II 과목의 보충 수업을 들으면서 한 번 전체적으로 공부했었다. 하루에 두 시간씩, 딱 방학 기한을 정확히 n 등분하여 스스로 진도를 설정하고 공부했다. 그러다가 모르는 내용이 있을 때는 학교 선생님께 물어보기도 했고 EBS 인터넷 강의를 참고하기도 했다.

수능 과탐 고득점을 위해서 수학적 능력은 필수

과학의 발전에는 수학의 발전이 옆에 있었고 수학의 발전에는 과학의 발전이 옆에 있었다. 예를 들어 뉴턴과 라이프니츠가 발명한 미적분학은 물리학의 발전에 지대한 영향을 끼쳤다. 더 쉬운 예는 거리를 미분하면 속도이고 속도를 미분하면 가속도인 것처럼 물리와 수학은 엄청난 연결고리가 있다. 지구과학에서도 천체역학 부문에서 수학이 많이 사용된다. 또한 화학은 전체적인 부분에서, 생명과학은 확률을 계산하는 데서 수학이 많이 사용된다. 결론적으로 수학적 능력이 뒷받침되지 못하면 과학에서 고득점을 받을 수 없다는 말이다. 물리나 화학에서는 특히 더하다. 그렇다고 해서 수학을 엄청나게 잘해야 한다는 것은 아니고 최소한 계산 실수는 하지 않아야 된다. 실제로 수능 과학에서는 단순한 사칙연산부터 로그나 미분을 통한 복잡한 공식 등도 사용하고 아주 작은 소수부터 큰 숫자까지 다루기도 한다. 다 아는 내용인데 계산 실수로 틀리면 얼마나 안타까울까. 그러므로 과학문제라도 수학적 풀이가 필요한 부분에서는 제대로 풀이과정을 적어 놓고 뒤에 검토시간을 마련하는 것이 더 높은 점수를 받을 수 있는 방법이다.

[과탐]
최소 시간 투자로 최고 점수를 얻는, 시기별 공부법

과탐은 늦어도 2학년에서 3학년으로 올라가는 겨울방학에는 전체적으로 내용 정리를 한 번 해야 한다. 그러나 방학에 한 번 전체적으로 공부했다고 방심하고 놓아버린다면 금방 잊어버리기 마련이다. 학기 중에는 계속 반복하면서 부족한 내용을 보충하고 심화 학습을 해야 한다. 하지만 학기 중에는 수업도 들어야 하고 내신 공부도 해야 하고 다른 과목도 공부해야 하는 만큼 시간이 넉넉하지 않다. 그러므로 시기에 맞게 최소한의 시간을 투자해서 최고의 효율을 얻는 것이 중요하다.

3학년 1학기, 복습과 연습에 집중하자

3학년 1학기에 해야 할 것은 방학에 공부한 내용의 복습과 연습이다. 하지만 우리에겐 방학 때처럼 교과서나 자습서를 한 자 한 자 정독하면서 내용을 공부하고 문제를 풀면서 연습할 시간은 없다. 그러므로 한 번에 합쳐서 해야 한다.

그 방법은 다음과 같다. 문제집을 풀면서 잘 기억이 안 나는 부분이 있다면 그 부분에 대해서만 이론을 복습한다. 이론을 확실하게 이해했다면 과학 문제를 푸는 스킬을 기르는 연습을 한다. 문제집을 보면 소단원별로 한 장 내지 두 장에 간단히 내용이 정리되어 있고 두세 장에 걸쳐 문제가 있다. 먼저 간단히 정리된 내용을 한 번 훑으면서 방학에 공부한 내용을 상기한다. 그리고 문제를 풀어본다. 내용이 잘 기억나지 않는 부분이 분명 있을 것이다. 이는 문제집에 있는 설명만으로는 해결하기 힘들다. 다시 교과서나 자습서를 참고해야 한다. 그럼에도 정 모르겠다 싶으면 선생님께 가서 질문하거나 그 부분에 대한 인터넷 강의를 찾아본다. 평상시에 인터넷 강의를 듣지 않았다면 EBS 강의도 아주 좋고 무료이므로 참고하면 좋다.

그리고 매일매일 공부해야 한다. 과학도 국어, 영어, 수학과 마찬가지로 중요하다. 과탐을 소홀히 하다가 수능에서 완전히 미끄러질 수가 있다. 그러므로 매일 최소한 과학을 한 시간에서 한 시간 반씩은 공부해주는 것이 좋다.

마지막으로 매 모의고사에 최선을 다해야 한다. 학교에서 매달 보는 교육청 혹은 평가원 모의고사만큼 수능과 비슷한 긴장되는 환경에서 문제를 풀어볼 수 있는 환경은 없다. 그러므로 모의고사 당일에 열심히 푸는 것뿐만 아니라 모의고사마다 최소 두세 개의 기출을 풀어보고 응시하는 것이 좋다. 더구나 모의고사만 한 문제가 없다. 문제가 많지 않은 과탐에서 기출이든 이번에 본 모의고사든 모의고사 문제는 가뭄 속에 내리는 단비와 같다. 계속해서 복습하도록 하자.

3학년 여름방학, 최상위권으로 도약하자

1학기까지 바쁜 와중에도 문제를 풀어가며 과학에 대해 익숙해졌을 것이다. 이 시기가 되면 어느 정도 점수도 나올 것이다. 이제 이번 방학을 잘 이용해 최상위권으로 치고 올라가야 한다. 만약 너무 바빠 여태 과학 공부를 제대로 못 했다고 해도 상관없다. 앞에서 말했다시피 과학의 진입 장벽은 낮다. 지금 시작해도 다른 과목에 비해 점수를 올리기 쉽다.

첫째, 전체적인 내용을 다시 공부하자. 학기 중에는 시간이 없어 문제를 통해 내용 공부를 했어도 빈 곳을 완벽히 찾아낼 수 없다. 그러므로 마지막 여름방학을 통해 과거 공부했던 자습서나 교과서를 통해 내용 정리를 하면 좋다. 그다음 지금까지 푼 문제들, 문제집이나 모의고사들을 다 다시 풀어보는 것이 좋다. 까먹었을 수도 있기 때문이다.

둘째, 시간 관리에 대한 능력을 길러야 한다. 수능에서 과학탐구 시험 시간은 짧다. 20문제를 30분 이내로 풀어야 하는데 보통 검토시간까지 필요하니 최소 25분 이내에 풀어야 한다. 실제로 나도 매번 모의고사마다 과학이 가장 시간이 부족했고 실제 수능 역시 마찬가지였다. 시간 관리에 대한 능력을 기르는 데는 많은 연습이 필요하다. 그중 가장 좋은 것은 역시 모의고사를 푸는 것이다. 수능은 문제가 단원별로 배분되어 있고 난이도도 잘 적용되어 있다. 그렇기 때문에 아무 문제나 20문제 잡고 30분 푸는 것은 시간 배분 연습에 거의 도움이 되지 않는다. 즉 기출 모의고사나 수능문제를 시간 맞춰 푸는 것이 가장 도움이 많이 되므로 계속해서 많이 풀어보면서 실제 수능에서의 감각을 기르도록 해야 한다.

21

[과탐]
50점을 위한 히든카드: 인터넷 강의, 한 줄 노트

개념을 복습하고 문제 풀이를 연습하는 것으로 과탐 50점을 얻기엔 부족하다. 과탐에서 50점을 얻기 위해서는 자신만의 공부법이 더 필요하다. 다음은 내가 만나는 모든 후배와 멘티들에게 꼭 말해주는 필승 공부법이다. 아래의 방법을 참고해서 자신만의 필승 공부법을 만들기 바란다.

언제나 인터넷 강의는 옳다

인터넷 강의를 듣는 것은 매우 좋다. 'Special page 학원 vs 인터넷 강의 vs 과외'에서 각 사교육의 특징을 설명하고 어떤 사람에게 좋은지를 설명해두었지만, 과학의 경우에는 확실히 인터넷 강의가 좋다. 왜냐하면 과학은 다른 과목에 비해 문제집 수도 적고, 교육과정이 자주 바뀐다. 이에 맞춰 인터넷 강의 선생님들은 스스로 문제를 만들기도 하고 기존 문제들을 변형해서 문제를 많이 만들어내기 때문이다. 즉 인터넷 강의를 들으면 더욱 양질의 강의와 문제를 싼 가격에 얻을 수 있다. 강의를 들을 환경이 되지 않는다면 인터넷 강의 선생님의 문제집이라도 따로 사서 풀어보도록 하면 좋다.

과탐에서 좋은 인터넷 강의를 고르는 것은 어렵지 않다. 과목별로 꽤 유명한 선생님들이 있기 때문이다. 수년간 선배들이나 친구들에게 인정받은 선생님들이기 때문에 그분들의 강의 중 하나를 들으면 충분하다. 하지만 그럼에도 불구하고 그중에서도 내게 맞는 선생님을 찾아야 하는데 보통 맛보기 무료 강의가 있으니 보고 나서 선생님을 선택하면 된다. 물론 선생님을 선택했다고 해서 끝난 것이 아니다. 한 선생님이 여러 가지 강의를 하는데 보통 기본 내용 정리, 문제 풀이, 방학특강(내용정리 + 문제 풀이), 심화(마무리) 등을 나눠서 한다. 그러므로 어떤 강의를 들을지도 선택해야 한다. 만약 아직 2학년 겨울방학이거나 제대로 된 내용 정리를 하지 못했다면 기본 내용을 정리하는 강의부터 들으면 좋다. 하지만 벌써 수능이 며칠 남지 않았거나 내용 정리를 했고 문제도 좀 풀어봤다면 방학특강 강의나 문제 풀이 강의를 추천한다. 이 강의들은 제대로 많은 문제를 풀면서 내용도 다시 되돌아보고 인터넷 강의 선생님의 풀이 스킬도 배울 수 있어서 좋다.

인터넷 강의를 수강할 때 주의해야 할 점이 있다. 인터넷 강의를 선호하는 학생들 중에는 기본 개념 정리, 문제 풀이, 방학 특강, 핵심 빈출 강의 등 한 선생님이 하는 모든 강의를 다 듣는 학생이 있기 때문이다. 이런 학생들은 자신이 스스로 공부하는 시간이 적을 수밖에 없다. 인터넷 강의에서 문제 풀이를 할 때 유용한 스킬을 알려준다고 말했으나, 인터넷 강의를 듣는 시간은 절대로 공부하는 시간이 아니다. 인터넷 강의에서 배운 유용한 스킬을 활용하여 공부를 하려면 자신이 혼자 공부하는 절대적인 시간을 확보해야 한다. 강의에서 배운 내용을 적용하려고 하면 잘 되지 않는 자신의 모습을 확인할 수 있을 것이다. 쉬운 방법이라고 느꼈겠지만 적용하기 위해 끊임없는 노력을 하지 않으면 나만의 방법이 되지 않는다. 자신이 없는 학생들은 기본 개념 강의만 제대로 한 번 듣고 문제 풀이 강의 하나만 듣는 것을 추천한다. 두 강의만 들어도 선생님이 학생들에게 전하고자 하는 내용은 모두 섭렵할 수 있다.

오답 문제 정리, 한 줄 정리면 충분하다

'Part 4. 교과서 한 페이지보다 나만의 한 줄 노트를 정리하라'에서 설명한 방법을 문제의 오답 중심으로 적용하면 수능에서도 강력한 효과를 발휘한다. 예를 들어 다음은 2015년도 대학수학능력평가 생명과학I의 2번 문제이다.

2. 그림은 광합성과 세포 호흡에서의 에너지와 물질의 이동을 나타낸 것이다. (가)와 (나)는 각각 광합성과 세포 호흡 중 하나이다.

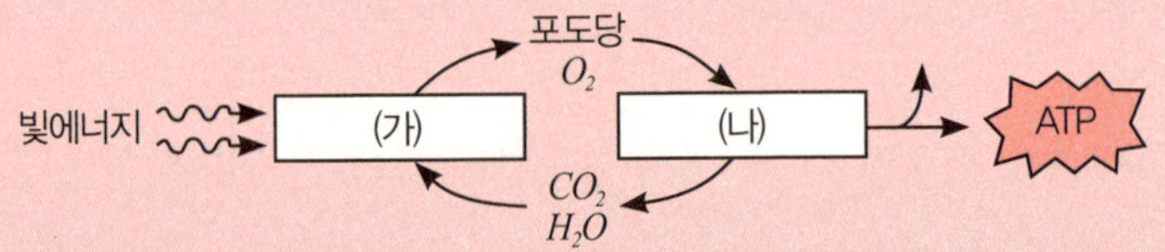

이에 대한 설명으로 옳은 것만을 〈보기〉에서 있는 대로 고른 것은?

$$\boxed{\begin{array}{l}
\qquad\qquad\qquad \langle\text{보 기}\rangle \\[4pt]
\text{ㄱ. 포도당의 에너지는 모두 ATP에 저장된다.} \\[2pt]
\text{ㄴ. 엽록체에서 (가)가 일어난다.} \\[2pt]
\text{ㄷ. 식물에서 (나)가 일어난다.}
\end{array}}$$

이 문제에서 ㄱ은 틀린 것이다. 만약 내가 이 〈보기〉의 정답을 맞히지 못했다면 나는 이것을 노트에 이렇게 정리했을 것이다. 맞았더라도 헷갈렸거나 중요하다고 생각하는 내용은 정리하는 것이 중요하다.

15수능 2번 ㄱ: 포도당의 에너지는 모두 ATP에 저장된다.

→ 약 40%만 ATP에 저장되고 나머지는 열에너지로 방출된다.

이런 식으로 문제를 모두 적지 않더라도 〈보기〉만을 이용해서 내가 헷갈리는 부분을 바로잡는 노트 정리를 할 수 있다. 어떤 문제집의 몇 번 무슨 〈보기〉인지만 적어 놓는다면 전체 문제가 궁금할 때는 찾아보기만 하면 되기 때문에 상관없다. 더구나 수능 과학에서는 문제의 〈보기〉가 수능, 평가원 모의고사, 교육청 모의고사에서 나온 것들이 계속해서 반복되어 나오기 때문에 이렇게 어려운 〈보기〉들을 정리해 놓으면 수능에서 정답을 찾아내기 쉽다.

[과탐]
EBS 교재 현명하게 활용하기

과학 공부하기가 힘든 가장 큰 이유는 풀어볼 수 있는 문제의 수가 적다는 것이다. 고등학교 학생의 반도 되지 않는 이과생들이 다시 8개의 과학 과목을 각자 선택하다 보니 각 과목에 응시하는 인원이 적어 각 출판사에서 문제집을 많이 만들지 않는다. 이렇게 연습할 수 있는 문제들이 충분하지 않은 상황에서 EBS 문제집은 더욱 중요성이 커지게 되었다. 공부의 점검 수단이자 심화 학습의 수단으로 EBS를 활용하기 좋기 때문이다.

다른 참고서를 통해 내용 공부와 연습을 마친 후에 EBS 교재를 풀어야 한다

EBS 교재는 다른 문제집보다 수준이 높다. 간혹 교과서나 다른 참고서에서 다루지 않는 내용이 나오곤 한다. 기본 내용을 확실히 알고 있어도 제대로 이해하기 힘든 내용이 나오기 때문에 반드시 다른 참고서를 통해 기본 내용을 확실하게 공부해야 한다. 기본 내용을 확실하게 알고 있다면, 새롭게 등장하는 개념과 문제들도 유추를 통해 풀 수 있다. 그렇게 새로운 개념과 문제들을 EBS 교재에서 만났다면 풀고 난 뒤에 자신만의 노트에 정리해두어야 한다. 조금 어려운 내용이기 때문에 다른 시험에서는 출제되지 않을 수 있지만, 많은 지식을 알고 있으면 어떤 문제를 풀 때도 도움이 되기 때문이다.

작년 EBS 교재를 풀어보는 것도 좋다

과탐을 공부할 때 EBS만큼 좋은 문제를 찾아볼 수 없으므로 EBS를 최대한 활용하라고 말하고 싶다. 한 해 동안 문제집이 순차적으로 나오기 때문에 문제를 풀다 보면 금세 풀 수 있는 문제가 동이 난다. 그럴 경우에는 1년 전에 나왔던 EBS 교재를 활용하면 된다. 1년 전 EBS 교재에 수록된 문제도 충분히 좋다. 이렇게 EBS 교재들을 활용한다면 문제가 적다고 고민할 이유가 없다. 간혹 작년도 교재들을 구하기가 어려울 수 있으니, 가능하다면 미리 작년 EBS 교재들을 구매해 놓는 것이 좋다. 3월에는 아직 작년 문제집들의 재고가 남아 있으니 쉽게 구할 수 있다. 나중에 구하려고 하면 이미 절판되고 재고도 남아 있지 않아서 구하기가 힘들다.

내용이 수능 범위를 넘는다고 생각되면 EBS를 확인하자

애초에 사설 출판사에서는 탐구과목의 문제집에 많은 투자를 하지 않는다. 잘 팔리지 않기 때문이다. 게다가 빈번한 교육과정의 개편 때문에 출판사들이 신경 쓰지 않고 만든 문제집에는 교육과정과 관련 없는 내용이 수록되곤 한다. 하지만 공부하다 보면 어쩔 수 없이 사설 문제들이나 과거 기출문제를 접하게 된다. 사설 문제들 중 이해되지 않는 것이 있을 때는 교육과정에 포함된 문제인지를 확인해볼 필요가 있다. 선생님을 통해 확인하는 것이 가장 확실하지만, 상황이 여의치 않을 때는 EBS 교재를 참고하여 대조하면서 문제가 교육과정 내에 있는지 아닌지를 확인해보면 시간을 절약할 수 있다.

EBS는 수능에 무슨 문제가 나올지 예측할 수 있다

과탐은 수학과 달리 EBS에서 문제가 많이 활용되고 학생들도 EBS에서 연계되었음을 확실하게 느낀다. 왜냐하면 EBS 교재의 〈보기〉와 그림들이 활용되기 때문이다. 따라서 EBS 교재 속에서 활용된 그림과 자료 중 교과서나 참고서에서 보지 못한 것이 있다면 노트에 따로 정리해두면 좋다. 수업시간에 배우지 않은 내용이라면 선생님께 부가적으로 설명을 요청하자. 과탐은 이해가 필수이기 때문이다. 그림만 암기하고 넘어간다면 문제가 응용되었을 때 당황할 수밖에 없다.

수능 단 하루를 위한, 마지막 30일간의 준비

초등학교 6년, 중학교 3년, 고등학교 3년. 모두 12년을 우리는 공부를 하며 지내 왔다. 수능이라는 단 한 번의 시험이 12년 공부의 마무리다. 하지만 만약 몸 상태가 급격히 안 좋아지거나 제대로 수능 당일에 대비하지 못해 제 실력 발휘를 못 한다 면 정말 안타까울 것이다. 지금부터 어떻게 마무리를 잘할 수 있을지 알아보자.

D-30 ~ D-8, 공부를 끝까지 붙잡는 사람이 이긴다

D-30. 수능이 딱 한 달 남았다. 사실 이때부터는 공부가 잘되지 않는다. 공부하 면 이미 내가 다 알고 있는 것 같거나 이젠 열심히 해도 바뀌지 않을 것만 같다. 하 지만 지금부터가 가장 중요하다. 1년 아니 3년, 열심히 수능 공부를 했어도 이 한 달을 제대로 준비하지 못한다면 말짱 도루묵이다. 한 달 남았다고 긴장 놓지 말고 포기하지 말고 공부를 계속 해야 한다. '공부는 끝이 없다'라는 말이 있듯이 다 아 는 것 같아도 사실 모르는 것이 엄청나게 많다.

또 수능 리듬에 몸을 적응시켜야 한다. 수능과 같은 시간표로 모의고사를 풀어보는 횟수를 늘리는 것이 가장 좋다. 하지만 주말에만 가능하므로 평일에는 수능 당일에 보는 과목 순서대로 공부하면 좋다. 학교에 조금 일찍 등교해서 국어문제를 풀어본다. 80분 동안 국어 모의고사의 모든 문제를 풀지 않고 열 문제 정도만 풀어서 뇌를 깨워 놓는 연습만 해도 충분하다. 그리고 점심을 빨리 먹고 와서 교실에서 혹은 도서관에서 영어 듣기를 연습하자. 아무리 영어 듣기를 잘하더라도 듣기가 나오는 도중에 졸면 문제를 놓칠 수 있다. 식곤증을 물리치는 것은 생각보다 어렵기 때문에 미리미리 몸을 준비시켜야 한다.

D-7 ~ D-2, 컨디션 관리가 최우선이다

D-7. 이 일주일만 지나면 우리는 자유다. 곧 먹고 싶은 것 먹고, 하고 싶은 것 하고, 놀고 싶은 것도 마음껏 놀 수 있다. 하지만 이 마지막 일주일을 정말 잘 보내야 한다. 만약 감기라도 걸려버리면 수능날 제 실력을 발휘하지 못한다. 수능이 가까워질수록 밤을 새워 공부하거나 무리하는 것은 금물이고 몸 상태 조절에 심혈을 기울이자. 자고 일어나는 시간을 수능 당일에 일어나야 하는 시간에 맞추는 것이 좋다. 수능시험 당일 입실은 8시 10분까지고 국어 영역 시험 시작이 8시 40분이니 최소한 7시에는 일어나서 뇌를 깨워 놓는 연습을 해야 한다. 또 수능 전날에는 잠을 일찍 자야 하는데 매일 새벽 2시에 자다가 11시, 12시에 자려고 하면 졸리지 않아 잠이 들지 않는다. 일주일 전쯤부터 10시, 11시에 자는 연습을 하는 것이 좋다. 만약 너무 일찍 자서 공부할 시간이 없다고 생각된다면 아침 일찍 5~6시에 일어나 공부하는 것이 수능 당일을 위해 훨씬 더 좋은 방법이다. 그래야 수능 당일에도 아침에 너무 피곤하지 않고 국어 시작 시각에 정신이 멀쩡할 수 있다. 매년 수능 시즌이 되면 수능 한파라는 것이 불어닥친다. 그러므로 이 일주일간은 옷도 더 든든히 입고

다니고 먹는 것도 더 든든히 먹으면서 최상의 몸 상태를 끌어올리는 데 주력해야 한다.

D-1, 욕심 부리지 말고 마인드컨트롤에 집중하자

D-1. 내일 이 시간이면 여러분은 수능을 보고 있을 것이다. 걱정하지 말자. 여태 껏 해온 대로만 잘하면 충분히 좋은 성적을 얻을 수 있다. 무리하지 말고 푹 쉬자. 욕심부리지 말고 자신만의 내용이나 틀린 문제들을 정리해온 노트를 보며 전체적 으로 한 번 훑는 편이 낫다. 그리고 저녁 6시 이후로는 되도록 먹지 않는 것이 좋 다. 소화해서 배변으로 나오는 데까지 걸리는 시간이 12시간 정도인데 6시 이후에 먹게 되면 수능시험 중에 화장실에 가게 될 확률이 높아지기 때문이다. 마지막으로 는 일찍 잠드는 것이 좋다. 8시 10분이 입실 마감이기 때문에 6시에서 7시 사이에 는 일어나 몸도 마음도 준비해야 하므로 일찍 자야 다음날 피곤하지 않을 것이다.

D-day, 식사는 거하지 않게 하고 간식으로 초콜릿 정도 챙기기

도시락은 너무 거하게 싸지 않는 것이 좋다. 고기의 경우에는 소화가 느리고 속 이 더부룩할 수 있으므로 최대한 피해야 한다. 또 배고프다고 너무 많이 먹으면 체 하거나 몸이 둔해질 수 있으니 피하자. 인터넷에 수능 식단을 검색해보면 소화가 잘 되고 뇌에 산소를 공급해주는 등 도움을 주는 도시락 식단이 많이 있다. 그중 자신 이 좋아하는 반찬들로 딱 허기를 달랠 만큼만 도시락을 싸달라고 부모님께 부탁하 는 것이 좋다. 도중에 배가 고플 것 같다면 도시락을 미리 먹지 말고 간식을 싸가도 록 하자. 빵이나 우유 같은 것은 체하고 설사를 일으킬 확률이 높으므로 간단하고 열량 있는 초콜릿이나 에너지 바가 좋다. 초콜릿은 뇌의 회전을 빠르게 시켜주므로 시험 보기 전에 먹고 시작하는 것도 좋다. 초콜릿을 시험 도중에도 먹고 싶다면 미리 까서 책상 위에 포장지 없이 올려놓도록 한다.

　교실 입실 시간은 8시 10분이지만 최소한 7시 30분 입실을 목표로 준비하는 것이 가장 좋다. 먼저 가서 책상과 의자를 점검해보아야 하기 때문이다. 물론 학교 측에서 흔들리거나 하면 교체해 놓는다. 하지만 혹시 모르는 일이기 때문에 미리 가서 점검해보고 불편하다면 본부 측에 요청해 교체해야 한다. 책상 점검 후 앉아서 마음의 준비를 하며 화장실도 미리 갔다 오도록 하자. 그리고 첫 시간이 국어이니 국어 뇌를 깨워 놓기 위해 EBS 작품 정리나 용어 등을 보며 정리하는 시간을 가지며 긴장을 가라앉히는 것이 좋다. 그리고 평소에 하던 대로 넘치지도, 모자라지도 않게 시험을 보면 된다.

진짜 공부로 자신을 업그레이드하자

'10년 후, 20년 후의 자신의 모습을 그려본 적이 있나요?'

햇수로는 2년, 횟수로는 20여 번, 시간으로는 200여 시간이 넘게 꿈 찾기 멘토링에 참여하며 만난 학생들에게 항상 묻는 질문이다. 사실 질문하면서 대답을 크게 기대하지는 않는다. 오히려 갑자기 조용해지는 상황을 예상한다. 대한민국에서 수험생이 자신의 미래의 삶에 대해 깊이 생각해볼 기회를 주지 않는다는 사실을 알고 있기 때문이다. 당장에 내신시험이 눈앞에 있고, 이번 시험에서는 꼭 1등급을 맞아서 내신성적을 관리해야 한다. 원하는 성적을 받기 위해 있는 시간, 없는 시간을 모아 한 번이라도 더 문제집을 봐야 한다. 수험생들에게는 10년 뒤 인생을 떠올려볼 시간이 없을 뿐더러, 10년 뒤 인생보다 10시간 뒤의 수학 시험이 더 중요하다.

　그들처럼 나 또한 수학 점수가 무엇보다 중요했던 수험생 시절을 지나왔기 때문에 그들의 모습이 잘못되었다고 비난하는 것은 아니다. 다만, 안타까울 뿐이다. 결코 대학 입학이 우리 인생의 종착역은 아니기 때문이다. 눈앞에 있는 내신시험과 수능시험 때문에 대학 입학 이후의 인생에 대해 깊게 생각해보지 않은 학생들은 누군가 만들어 놓은 '인생의 정답'대로 살아갈 가능성이 높다. '좋은' 대학에 입학하여 '좋은' 학점을 받고, 남들이 쌓는 스펙을 쌓으며 '좋은' 직장을 얻고, '좋은' 가정을 꾸려, '좋은' 인생을 살아가게 된다. 이 인생의 정답 속에서 '좋다'는 모두 남들의 기준이다. 인생의 주인공은 '자신'이라고 하는데 이 정답 속에는 '나'가 들어갈 만한 틈이 없다.

　이 책은 단순히 시험에서 좋은 성적을 올리기 위한 목적만을 담고 있는 것은 아니다. 일반고 학생들이 점수와 등급에서 특목고와 자사고 학생들을 뛰어넘는 방법만을 전하려고 했다면 목차 구성을 위해 그렇게 많은 고민을 하지도 않았을 것이다. 대학 입학이 끝이라면 일반고 학생들이 점수와 등급에서 특목고나 자사고 학생들을 뛰어넘는 것만큼이나 중요한 일도 없다. 하지만 앞서 말한 것처럼 대학 입학이 인생의 끝은 아니다. 그래서 우리 세 저자는 일반고 학생들이 점수에서 특목고와 자사고 학생들을 뛰어넘는 것뿐만 아니라 대학 이후의 삶을 만들어나가는 것에서도 뛰어넘기를 바랐다. 이러한 고민의 결과가 공부 동기, 공부 태도, 공부 방법이라는 3가지 목차 구성이었다. 각 파트를 통해 이 책을 읽는 학생들이 자신을 업그레이드하길 바랐다. 그래서 진정으로 자신의 인생에서 주인공 역할을 하며 자신만의 인생을 만들어가길 바랐다.

　첫째, 공부 동기를 통해서 무슨 일을 하든지 주체적인 사람이 될 수 있기를 바랐다. 대한민국에서 중·고등학생으로 살아가면서 공부와 마주하지 않을 사람은 없다. 하지만 공부를 대하는 태도를 보면 학생을 크게 두 분류로 나눌 수 있다. 하나는 공부를 '그냥' 하는 사람이고, 다른 하나는 '이유 있는' 공부를 하는 사람이다. 누구도 공부를 할지 말지에 대해 선택권을 준 적이 없다. 초등학교, 중학교, 고등학교를 거치며 자신의 선택과 무관하게 공부를 하게 되었다. 그래서 굳이 공부의 이유를 찾을 필요성도 느끼지 못했을지 모른다. 그럼에도 불구하고 일부는 반강제적으로 주어진 상황에 대해 나름의 이유를 생각한다. 정답은 없다. 이유가 무엇이든지 간에 남들은 죽어라 하기 싫어하는 공부에 대해 자신만의 이유를 만드는 학생은 주체적으로 공부하고, 높은 성취도를 보인다. 우리에게 반강제적으로 주어지는 상황은 비단 공부뿐만이 아니다. 사실 우리가 눈뜨는 하루하루가 반강제적이다. 우리는 해가 뜨면 눈을 뜨고, 숨을 쉬며 하루를 살아가는 것을 선택한 적이 없다. 해가 뜨면 눈이 떠지고 숨을 쉬기에 우리는 살아간다. 의미가 전혀 없을 수 있는 삶이다. 하지만 그럼에도 불구하고 누군가는 자신이 살아가는 이유를 정하고, 목표를 정하면서 이유를 충족시키고, 목표를 이루기 위해 하루를 알차게 살아간다. 자신의 이유를 위해 자신의 인생을 제대로 살아가는 사람과 그렇지 않은 사람은 그 결과가 너무나도 다를 것임을 어렵지 않게 생각할 수 있다. 책을 읽으며 공부 속에서 이와 같은 인생의 진리를 깨닫기를 바랐다.

둘째, 공부 태도를 통해서 자신과의 싸움에서 이길 수 있는 사람이 되기를 바랐다. 공부를 해본 사람이라면 공부 과정이 얼마나 지독히도 고단한지를 안다. 달콤한 아침잠의 유혹을 단호하게 외면하고 지친 몸을 끌고 학교나 도서실로 향하여 10시간이 넘는 시간 동안 조금이라도 더 외우기 위해 책에 코를 박는다. 10시간이라니 말이 쉽지, 가만히 앉아 있기에도 힘든 시간이다. 앉아 있기에도 힘든 시간에 지루한 책과 싸움을 하는 것은 해보지 않은 사람은 감히 상상할 수도 없다. 수험생들은 그렇게도 지독한 싸움에서 하루에도 몇 번씩 주저앉고 싶어지기 마련이다. 그럼에도 그 싸움에서 당당히 이길 수 있는 사람이 되길 바란다. 그 싸움에서 이긴 자는 앞으로 마주하게 될 여러 고비에서 중심을 흔들리지 않고 묵묵히 그 고비를 넘어갈 수 있는 힘을 가질 수 있기 때문이다.

셋째, 공부 방법을 통해 자신에게 다가온 문제를 지혜롭게 해결할 수 있는 사람이 되길 바랐다. 공부하다 보면 오르지 않는 성적에 깊은 시름에 잠기게 된다. 학생에게 성적이 안 오르는 상황보다 더 큰 문제 상황은 없다. 그 사실을 알기에 이 책에 세세한 공부법을 최대한 많이 담으려고 했다. 하지만 곧이곧대로 따라하라는 의도는 아니다. 책 속에 담긴 공부 방법이 어떻게 나왔는지 생각해보기를 바랐다. 어느 학생에게나 맞는 공부 방법은 존재하지 않는다. 책 속에 최대한 담아내려고 했던 공부 방법은 내가 공부하면서 마주한 문제점들을 해결하기 위한 방법이었다. 국어 성적이 오르지 않아 독해법을 익혔고, 수학 성적이 오르지 않자 연습을 죽도록 한 것이다. 문제 상황이 같더라도 개인의 성격과 상황에 따라 다른 방법이 도출될 수 있다. 스스로의 문제점을 파악해보고 해결하기 위해 여러 가지 방법을 고안해보고 최적의 방법을 적용할 수 있는 능력은 대학에 입학하고 사회에 진출하게 되었을 때 더 빛을 발할 것이다. 책 속의 공부법을 참고하되 자신의 상황에 맞게 고쳐 활용하고, 자신의 문제 해결력을 높이기 바란다.

공부를 잘하는 사람은 멋있다. 성적이 높아서, 머리가 좋아서 멋있는 것이 아니다. 반강제적으로 주어진 상황을 주체적으로 살아가고, 남들은 죽도록 하기 싫어하는 상황도 묵묵히 견디며, 자신의 문제 상황을 해결하기 위해 갖가지 대응책을 마련하기에 멋있는 것이다. 수험 생활은 짧게 보면 고등학교 3년, 길게 보면 초등학교까지 포함해 12년 동안 이어진다. 12년이라고 하면 아주 길어 보이지만, 평생을 생각해보면 너무도 짧다. 이 짧은 시간을 통해 자신을 업그레이드시킨 사람은 남은 인생 동안을 누구보다 멋있게 살아갈 수 있다.

이처럼 자신을 멋있는 사람으로 업그레이드를 해가면서 '10년 후, 20년 후에 나는 어떤 사람으로 어떻게 살아갈지'에 대해서 그려보기 바란다. 그래서 '내가 원해서 선택한' 대학에 입학하여 '내가 만족할 만큼'의 학점과 '나를 성장시킬 수 있는' 스펙을 쌓아, '내가 좋아하고 잘할 수 있는' 직장을 얻어, '내가 사랑하는 사람'과 가정을 꾸리고 '내가 후회하지 않을' 인생을 살기를 바란다. 남이 환호하는 인생이 아니라 내가 행복한 인생을 만들고 살아가길 바란다. 책을 마무리하며 여러분께 다시 한 번 질문하고 싶다.

'10년 후, 20년 후의 자신의 모습을 그려볼 수 있나요?'

강다빈(영어영문학과 14학번)
경험에서 체득한 공부 태도, 구체적인 공부 방법까지 학생들이 바로 자기 공부에 적용할 수 있도록 하려는 마음이 느껴집니다.

강은빈(컴퓨터공학부 15학번)
일반 인문계 고등학교 학생들의 걱정을 잘 이해하고, 현실적인 조언을 해주고 있어요. 고등학생 때 이런 책이 있었으면 많은 도움이 되었을 것 같습니다.

강인구(윤리교육과 15학번)
동기나 입시 정보에 대한 책은 많지만, 나의 동기, 나의 학습법을 찾을 수 있는 현실적인 조언이 담긴 책은 찾을 수 없었습니다. 이 책은 학생들의 직접적인 고민거리를 다루어 공감이 됩니다.

곽영준(영어교육과 12학번)
만일 이 책이 거짓말을 하고 있다면 나는 서울대 학생이 아니었을 거다!

곽윤아(불어교육과 14학번)
나는 지금도 공부에 대해 고민하고 있다. 그 고민을 해결해 나가기 위해 어떻게 해야 할지 차근차근 방향을 제시해주고 있는 책이다.

곽효은(국어국문학과 14학번)
일반고–수시–서울대 학생으로서 공감되는 조언들이 많네요!

구인영(불어교육과 15학번)
이미 입시 경쟁이 치열해진 지금, 이 책은 단순히 공부 잘하는 학생들의 공부법을 형식적으로 전달하는 것이 아니라 공부 그 자체의 의미와 본질을 정확히 짚어주고 있습니다.

궁찬영(화학생물공학부 13학번)
수험생 시절 내 책상 한편에 포스트잇으로 써 붙였던 문구들 몇 개를 이 책에서 만나니 참 반갑다. 여러분의 책상 위에도 몇 구절 길러보라고 권하고 싶다.

권대선(재료공학부 12학번)
공부 의지에 대한 단기적 자극으로 끝나는 것이 아니라 10년, 20년 후의 나를 떠올리게 함으로써 꾸준한 원동력이 될 수 있을 것 같습니다.

권민아(심리학과 15학번)

3년 전에 이 책을 읽을 수 있었다면, 일반고 학생으로서의 불안을 이겨내고 더 즐겁게 수험생활을 할 수 있었을 텐데.

김경록(수리과학부 15학번)

어떤 마음으로 공부하는지가 학습 방법만큼 중요합니다. 그런 관점에서 이 책은 여러분이 흔들리지 않고 공부할 수 있도록 충분히 도와줄 것입니다.

김관훈(교육학과 10학번)

대입을 준비하며 길을 잃은 것 같은 막막함, 내가 할 수 있을까 하는 두려움에 흔들리는 친구들에게 당당히 꿈을 향해 나아갈 용기와 지혜를 줄 수 있는 뜻깊은 책이라고 생각합니다.

김나연(영어교육과 16학번)

내 환경을 탓하기보다 이 환경 속에서 스스로 어떻게 공부해야 하는가에 대해 답변을 줄 수 있는 책.

김병진(윤리교육과 12학번)

이 책을 읽고 놀란 것은 내가 학창시절 했던 동기 유발 방식과 유사하다는 것이었다. 여러분도 꿈을 갖고, 그 꿈을 공부를 향한 원동력으로 삼았으면 좋겠다.

김성인(화학생물공학부 13학번)

제가 고등학생들에게 예전부터 꼭 전하고 싶었던, '공부와 삶이 어떻게 직결되는지'를 잘 보여주고 있습니다. 저도 꼭 사서 제 주변 필요한 친구들에게 전해줘야겠네요!

김소희(수의학과 14학번)

먼저 경험한 선배만이 해줄 수 있는 조언을 꽉꽉 눌러 담은 책! '무조건 오래 앉아 있어라!'가 아닌 진짜 공부 방법을 찾아주는 책!! 슬럼프를 겪고 있는 친구들에게 힘이 될 책!!!

김우섭(불어교육과 13학번)

무엇을, 어떻게, 왜! 이론부터 실전까지 두루 갖춘 공부법의 쿡 북.

김유빈(정치외교학부 15학번)

일반고 학생으로서 특목고와 자사고 학생들에게 절대 뒤처지고 싶지 않아 부단한 노력을 했던 그때가 생각납니다. 이유 없는 공부보다는 공부할 이유를 찾는 것, 그것이 정말 와 닿네요.

김유진(건축학과 14학번)

자본주의 사회, 자극적인 문구들로 수익을 내려는 책들이 넘쳐나는 사이에서 이 책만은 상업성과는 별개다.

김정연(윤리교육과 14학번)

고등학생들이 가지고 있는 불안을 잘 이해해주면서, 동시에 현실적인 공부 방법까지 조언해주는 좋은 책이네요.

김주희(정치외교학부 14학번)

학생 입장에서 그들에게 필요한 내용을 담아내려고 치열하게 노력한 흔적이 곳곳에 묻어납니다. 읽자마자 '내 과외 학생에게 선물해줘야지!'라는 생각이 들었습니다.

김준한(경제학부 12학번)

점점 과열되어가는 입시 전쟁 속에서 진정으로 어떻게 공부해야 하는지, 그리고 공부를 통해 어떻게 꿈을 설계해 나가야 하는지까지 그 방향을 제시해준다.

김하희(동양화과 13학번)

계속 바뀌는 입시 제도에 혼란스러워하는 이들에게 추천합니다. 경험에서 우러나오는 과목별 세세한 공부법까지 있으니 많은 친구들이 읽고 도움을 받았으면 좋겠어요.

김한울(전기정보공학부 14학번)

지금까지도 공부법에 대해 계속 고민하고 있는데, 이 책에 지금까지 생각했던 핵심들이 모두 담겨 있네요.

김형기(바이오소재공학부 15학번)

이 책을 통해서 학생들이 자신에게 딱 어울리는 공부법을 찾기 바랍니다.

김환성(원예생명공학부 15학번)

고등학생 시절, 사교육의 도움 없이 혼자서 힘들게 공부하며 얻어냈던 공부 방법과 전략들이 이 책에 다 들어 있네요! 지금이라도 이런 책이 나와서 다행입니다.

김효윤(의류학과 16학번)

주체적 인생을 위한 자기주도적 학습의 중요성을 인지하고, 학습의 방법뿐만 아니라 동기와 태도를 함께 다루어 학습 방향을 제시하고 있는 책.

나경욱(교육학과 12학번)

과거의 제가 그랬듯 일반고 학생들은 특목고, 자율고 학생들보다 입시 준비에 어려움을 겪기 마련입니다. 일반고 학생들이 어떻게 입시 준비를 하면 될지를 이 책이 잘 안내해줄 수 있을 것 같아요.

나은서(국어교육과 14학번)

공부하고 싶지만 방법을 모르겠다고? 공부법에 대해 너무 과장하지도, 그렇다고 부족하지도 않은 내용과 전략이 담겨 있는 이 책으로 시작해보길 권한다.

박민혜(작곡과 이론전공 14학번)

중학생이 되는 동생에게 선물해주고 싶다!

박서호(성악과 16학번)

효율적인 공부법에 대해 고민하는 친구들에게 구체적인 방향을 제시해주는 책.

박세윤(국어국문학과 15학번)

일반고를 다니는 학생들의 고민들을 잘 녹여내어, 일반고 출신인 나로서는 더욱 공감할 수 있었어요. 일반고라면 흔들릴 일이 더 많겠지만 이 책이 더욱 굳세질 수 있는 버팀목이 되길 바랍니다.

박중원(수리과학부 16학번)

수험생활이 막막한 이들에게 건네준 훌륭한 무기, 추천!

박지은(영어교육과 13학번)

대한민국의 모든 고등학생들에게 멘토가 되어줄 책. 진정한 공부의 목적과 의미에 대해 생각해볼 수 있는 좋은 계기가 될 것 같아요.

박지현(국악과 14학번)

일단 시험을 잘 봐야겠다는 생각에 아무런 고민 없이 무작정 공부만 하는 친구들이 많은데, 내가 왜 공부를 하는지 생각해볼 수 있게 만듭니다.

박진영(건축학과 15학번)

왜 공부를 해야 하는지 고민 중이라면 추천합니다.

박태준(전기정보공학부 11학번)

공부하고 싶어도 공부하는 방법을 몰랐던 사람에게 강력 추천하는 책, 뜬구름 잡는 이야기에 지친 이들에게 구체적인 길잡이가 될 수 있을 것이다.

배수헌(전기정보공학부 13학번)

공부를 시작하고자 하는 학생들이 처음에 겪을 시행착오를 줄여준다.

배정아(생물교육과 14학번)

고등학교 시절 저의 고민을 책에서 그대로 담고 있네요. 이 책을 고등학교 때 접할 수 있었더라면 고민의 절반을 줄일 수 있었을 텐데. 지금도 공부법에 대해 수없이 많은 시행착오를 겪고 있을 학생 여러분께 정말 추천합니다. 고3인 저희 동생에게도 선물하려고요.

백운중(정치외교학부 13학번)

저는 저자들과는 다른 시기에 다른 장소에서 공부를 했지만, 방법만큼은 크게 다르지 않았습니다. 큰 꿈과 목표를 가진 학생들에게 이 책을 추천합니다.

백진성(교육학과 11학번)

공부하고자 하는 의지는 있지만 노하우가 없어 고생하는 학생들을 자주 봤습니다. 열심히 해도 결과가 나오지 않아 힘들어하는 모든 학생들에게 이 책을 추천합니다.

서은희(화학교육과 13학번)

대한민국 수험생으로서 성공한 경험과 노하우가 담겨 있는 책! 나에게 맞는 공부법이 무엇일지, 보다 효율적인 공부법이 무엇일지 고민하는 친구들에게 세 저자는 학창시절의 경험으로 얻은 최고의 길을 제시해줄 것입니다.

서재민(원자핵공학과 12학번)
단순히 따라하도록 하는 공부법이 아니라 경험을 통해 쉽게 공감하고 이해할 수 있게 쓰여 있습니다. 자신에게 꼭 맞는 공부법을 스스로 찾아갈 수 있을 것 같아요.

서지혜(화학교육과 15학번)
고등학생들에게 필요한 공부법이 각 과목별로 상세히 담겨 있어 특정 과목에 취약하거나 공부법을 잘 모르는 학생들에게 많은 도움이 될 것이라고 생각합니다.

송은지(자유전공학부 16학번)
고등학생이라면 누구나 공감할 수 있는 내용들.

송현우(영어교육과 13학번)
수많은 공부법의 갈림길에서 헤매는 학생들에게 '이유 있는 공부'를 찾아가게 해줄 이정표.

송호경(생명과학부 15학번)
나 자신을 뛰어넘는 나, 그대, 공부법을 부탁해와 함께할 준비, 되었는가? 성적 롤러코스터 속에서 고통스러워하는 우리를 위한 똑똑한 친구를 소개한다.

신동훈(재료공학부 15학번)
일반고에 진학한 학생들이 느낄 특목고에 대한 막연한 아쉬움과 걱정, 학업 관련 고민들을 해소해 줍니다. 일반고에서 정시로 서울대에 입학한 사람으로서, 일반고에 다니는 후배들에게 추천합니다.

신유진(소비자아동학부 16학번)
일반계 고등학교에서 수시로 서울대에 합격했는데, 이 책만큼 공감 가는 공부법 도서는 없었던 것 같네요. 저 역시 고등학교 때 내신 때문에 많이 힘들었고, 이 책을 그때 읽을 수 있었다면 분명히 많은 도움이 되었을 것입니다. 강추합니다!

신윤지(영어교육과 13학번)
에필로그가 제일 소중한 책이다.

신해수(간호학과 13학번)
일반고 다니면서 고민했던 내용들을 자세하게 다루고 있어요.

안소연(생물교육과 14학번)
주변 상황에 흔들리지 않고 마음을 다스리는 방법까지 소개되어 있어 고민 많은 친구들에게 큰 힘이 될 것이다.

안희준(응용생명화학부 14학번)
내가 고등학생 때 봤다면 성적이 더 좋았을 것을!

여승원(기계항공공학부 15학번)
고등학생의 입장에서 공부를 왜 해야 하는지, 어디서부터 시작해야 할지를 사소한 것부터 함께 고민해주는 책인 것 같습니다.

오사랑(간호학과 13학번)

내 동생한테 선물하고 싶은 책!

우상우(윤리교육과 15학번)

혼자만의 노력으로는 채울 수 없었던, 내 공부의 부족한 2%를 채워준다.

원태연(화학생물공학부 15학번)

공부 동기, 공부 태도 이야기를 통해 내가 스스로 움직이게 만드는 힘, 더 큰 나를 그려가는 힘을 불어넣어줄 수 있는 좋은 책입니다.

위하은(물리천문학과 13학번)

학원과 과외에만 너무 익숙해져 스스로 공부하지 못하는 학생이라면 꼭 읽어봐라.

이미경(작곡과 15학번)

잠시 멈춰 서서 나의 미래를 그릴 수 있는 책! 멋진 '나'를 꿈꾸기를 함께 응원합니다!

이상현(전기정보공학부 12학번)

수험생들과 수험생을 둔 부모님들께 꼭 추천한다. 이 책을 고등학교 때 못 본 것이 아쉽다.

이상호(역사교육과 11학번)

공부가 막막할 때, 슬럼프에 빠졌을 때 자신을 되돌아볼 계기가 될 수 있겠어요.

이성재(치의학과 14학번)

저 역시 일반계고 학생으로서 특목고와 자사고 학생들이 많이 신경 쓰였었는데, 그런 입장에서 가져야 할 마음가짐이나 공부 방법에 대해 많은 도움을 받을 수 있는 책입니다

이성진(통계학과 14학번)

한번쯤 들어봤지만 막상 실천하지는 못했던 꿀팁들과 머릿속에만 돌아다니던 공부 방법들을 잘 정리해 놓았다.

이성찬(윤리교육과 15학번)

촌 동네 일반고 출신으로서 고등학교 후배들에게 꼭 한 번 읽어보라고 추천하고 싶은 책.

이애린(노어노문학과 13학번)

이런 책을 읽으며 공부하는 학생들이 어른이 되었을 때, 우리의 대한민국은 소위 '헬조선'의 모습을 벗어버리고 조금 더 생기 있고 가치 중심적인 나라가 되어 있지 않을까?

이연경(교육학과 14학번)

동기부여에서 시작해서 구체적인 과목별 공부 방법까지, 공부를 하면서 부딪히는 어려움에 대한 구체적인 해답을 제시하고 있는 책! 과외학생에게도 한 권 선물해주려 합니다.

이예지(동양화과 13학번)

단순히 공부법만이 아니라 공부를 통해 내가 무엇을 얻을 수 있는지에 대해서 깨닫게 해준다.

이우진(전기정보공학부 12학번)

저자의 풍부한 경험이 녹아 있어 쉽게 공감이 갑니다. 자신의 공부 동기, 공부 방법 및 태도를 되돌아볼 수 있는 좋은 계기가 될 것입니다.

이유림(사회학과 14학번)

뻔한 말처럼 들리겠지만 내가 고등학생이었을 때 누군가에게 정말 꼭 한 번 물어보고 싶었던 질문들에 대한 답이 들어 있었다. 깜짝 놀랐다.

이윤구(재료공학부 15학번)

고등학교 때 비슷한 경험이 많아서 공감이 많이 됐어요. 고등학생 친구들이 이 책의 내용을 잘 받아들여서 숨겨진 잠재력을 끌어내고 자신감을 가지길 바랍니다.

이윤서(원자핵공학과 13학번)

16년째 공부를 계속 해오고 있는 나에게도, 공부의 의미를 다시금 곱씹게 해주는 책.

이인서(체육교육과 14학번)

하나하나 세세하게 필자의 경험을 아낌없이 내어 놓은 책. 강추하고픈 최고의 '공부 레시피!'

이재건(지리학과 15학번)

공부법을 잘 몰라 힘들어하는 많은 학생들이 확실한 공부법을 가지고 자신감 있게 공부할 수 있도록 도와줄 것이다.

이지한(의예과 14학번)

공부 의지는 있지만 복잡한 입시 제도와 적절한 조력자가 없어 어려움을 겪고 있다면 추천!

이지현(영어교육과 13학번)

혼자 하는 공부가 어려운 학생들, 내가 지금 잘 하고 있는 건가? 걱정하고 있는 모든 학생들에게 권하고 싶다.

이진아(간호학과 13학번)

과열된 입시 경쟁에 지쳐 있을 많은 학생들이 이 책을 읽고 자신만의 해결책을 찾을 수 있는 계기가 되었으면 좋겠어요. 공부법뿐만 아니라 입시를 앞둔 학생들이 고민할 법한 내용들로 구성되어 있어 많은 학생들에게 도움이 될 수 있을 것입니다.

이찬형(재료공학부 15학번)

고1 때 슬럼프가 와서 힘들었다. 공부 중 겪을 슬럼프에 대처하는 법까지 잘 알려주고 있으니 한 번 읽어보면 좋을 것이다.

이호재(경제학부 13학번)

고등학생 때 누구나 고민해봤을 만한 내용들을 잘 짚어준 책.

이휘정(영어영문학과 12학번)

공부는 열심히 하고 있지만 길을 잃었다는 느낌이 들 때가 있죠? 그렇게 맥없이 지쳐갈 때 읽으면 활력소가 될 거예요.

임기범(산림과학부 15학번)

그저 그런 공부법만 담은 것이 아니라 전략과 방향까지 담았네요. 공부를 시작하거나 공부에 지친 사람들이 상황을 이겨내는 데 도움이 될 현실적인 방법들이라고 생각합니다.

임현성(기계항공공학부 14학번)

공부를 한다고 하는데 성적이 잘 안 나와서 고민이라면? 답이 여기 있다. 속는 셈 치고 펼쳐보자.

장규완(치의학과 14학번)

공부로 힘겨워하는 학생들이 읽고 스스로를 되돌아볼 수 있는 책인 것 같아요.

장서희(경제학부 15학번)

편법이 아닌 정도를 추구하는 공부법은 언제 어디서나 흔들리지 않지요. 명확한 방향을 찾지 못하고 방황하는 모든 고등학생들에게 권하고 싶네요!

장유나(중어중문학과 15학번)

주어진 학습 환경에 따라 공부법도 달라져야 한다는 생각을 이 책을 통해 처음 하게 되었는데, 매우 유용한 조언이라는 생각이 들었어요!

정규원(전기정보공학부 14학번)

항해할 때 무엇이 중요할까? 노 젓는 노하우보다 더욱 중요한 것은 배에 대한 철저한 분석, 바람의 흐름, 항해의 방향성이다. 이 책은 입시라는 항해의 본질을 꿰뚫고 있다.

정송화(역사교육과 13학번)

공부를 대하는 태도, 현실적인 학습 전략까지 구구절절 공감! 힘든 수험생활을 헤쳐나갈 그대들의 곁을 지켜줄 든든한 지원군.

정정아(재료공학부 16학번)

일반고의 벽을 잘 알지만 주저하지 않고 뛰어넘은 사람들의 경험이 담겨 있다.

정주원(인문계열 16학번)

근본적으로 공부를 해야 하는 이유와 목표부터 내신, 수능을 준비하는 데 있어 꼭 필요한 조언까지 대학진학을 위해 열심히 공부하는 학생들에게 꼭 필요한 지침서.

조경진(영어교육과 14학번)

항해하는 법을 아는 자라도 폭풍은 두려울 것입니다. 그러나 좀 더 과감하게 맞설 수는 있겠지요. 끊임없는 실패를 경험하고 무력감에 빠진 학생들에게 이 책이 어려움을 극복해나갈 수 있는 방법과 스스로에 대한 믿음을 가르쳐줄 수 있기를 바랍니다.

조연수(지구환경과학부 13학번)
공부에 고민이 많은 학생들에게 멘토가 되어줄 수 있는 책입니다.

조정휘(교육학과 12학번)
갈피를 잡기 힘든 요즘 대학 입시 제도하에서 학생들에게 한줄기 빛이 될 수 있는 책입니다. 공부법 때문에 방황하는 학생들에게 일독을 권합니다!

채수정(불어교육과 14학번)
수시일 경우 고등학생 때 필요한 정보를 얻기 힘들고, 일반고라면 더 막막할 텐데 그런 상황이라면 틀림없이 도움이 될 알찬 내용이 담겨 있다.

최고은(경제학부 14학번)
공부하다가 막막함에 한숨이 나올 때 읽어보면 좋겠다.

최문석(산업공학과 14학번)
항상 제가 고등학생 친구들에게 해주고 싶던 조언들이 다 들어 있어요! 공감이 많이 가면서도 이 책에 쓰여 있는 대로 노력하면 후회하지 않을 입시를 준비할 수 있을 거라 장담합니다.

최연우(인문계열 16학번)
공부하면서 길을 잃어 헤매고 있을 때, 끝이 안 보이는 길 위에서 지칠 때 좋은 토닥임이 되어줄 책.

최용석(농경제사회학부 14학번)
'현재 나는 어떠한지? 내가 꿈꾸는 입시라는 터널 끝의 실루엣은 어떠할지?'
이 책의 이야기를 통해 고민의 마침표와 학생으로서의 자신을 설계할 수 있기를 기대합니다.

한여혜(교육학과 14학번)
이 책을 통해 저도 제 자신을 돌아볼 수 있게 되었습니다. 많은 학생들이 주인공으로서 자신만의 인생을 만들어나가는 데 도움이 될 거라 생각합니다.

현규호(영어교육과 12학번)
입시의 중압감을 이겨내고 공부의 주인으로 새롭게 서고 싶은 학생들에게 일독을 권합니다.

홍민희(정치외교학부 15학번)
고등학생들에게 입시 강사가 아닌 멘토의 역할을 할 수 있는 책.

홍석일(전기정보공학부 13학번)
공부법에 대해 고민하는 학생들에게 실질적으로 도움이 될 만한 내용입니다.